新华学术

新华学术 · 思享者

新华学术系列图书：

《人类道德自然史》〔美〕迈克尔·托马塞洛 著

《哲学家的六张面孔》〔美〕贾斯汀·史密斯 著

《想透彻：当代哲学导论》〔美〕夸梅·安东尼·阿皮亚 著

《法国人是如何思维的》〔英〕苏迪·哈扎里辛格 著

《木偶的灵魂：自由只是一种错觉》〔英〕约翰·格雷 著

《动物的沉默：人类优越论是一种偏见》〔英〕约翰·格雷 著

《反利维坦：政府权力与自由社会》〔美〕罗伯特·希格斯 著

《道德之弧：科学和理性如何将人类引向真理、公正与自由》〔美〕迈克尔·舍默 著

《民主的反讽：美国精英政治是如何运作的》（第15版）〔美〕托马斯·戴伊 著

《权力精英》〔美〕C·赖特·米尔斯 著

《政府为什么会失败》〔美〕兰迪·T．西蒙斯 著

《幸福乌托邦：科学如何测量和控制人们的快乐》〔美〕威廉·戴维斯 著

《文化的重要作用：价值观如何影响人类进步》〔美〕塞缪尔·亨廷顿 主编

《电影院里的哲学课》〔英〕克里斯托弗·法尔宗 著

《哲学能做什么》〔美〕加里·古廷 著

《非常识：最聪明哲学家们的最奇怪思想》〔美〕安德鲁·佩辛 著

《思想者心灵简史：从苏格拉底到尼采》〔美〕詹姆斯·米勒 著

《道德哲学十一讲》〔英〕艾里克斯·弗罗伊弗 著

《没有标准答案的哲学问题》〔美〕菲尔·沃什博恩 著

《我们如何思维》〔美〕约翰·杜威 著

《论人的本性》〔美〕爱德华·O·威尔逊 著

《对权威的服从：一次逼近人性真相的心理学实验》〔美〕斯坦利·米尔格拉姆 著

正义简史

[加] 戴维·约翰斯顿◎著

张安◎译

A BRIEF HISTORY

of Justice

新 华 出 版 社

图书在版编目（CIP）数据

正义简史 / (加) 戴维·约翰斯顿著; 张安译.
--北京：新华出版社, 2018.7（2025.2重印）
书名原文: A Brief History of Justice
ISBN 978-7-5166-4286-3

Ⅰ.①正… Ⅱ.①戴… ②张… Ⅲ.①正义—研究 Ⅳ.①B82

中国版本图书馆CIP数据核字(2018)第181794号

著作权合同登记号：01-2016-6056

正义简史

作　　者：[加]戴维·约翰斯顿		译　者：张　安	

选题策划：黄绪国　　　　　　　责任印制：廖成华
责任编辑：赵怀志 石春凤　　　　封面设计：臻美书装
责任校对：刘保利

出版发行：新华出版社
地　　址：北京石景山区京原路8号　邮　　编：100040
网　　址：http://www.xinhuapub.com
经　　销：新华书店、新华出版社天猫旗舰店、京东旗舰店及各大网店
购书热线：010-63077122　　中国新闻书店购书热线：010-63072012

照　　排：臻美书装
印　　刷：大厂回族自治县众邦印务有限公司

成品尺寸：148mm×210mm　1/32
印　　张：8.5　　　　　　　　　字　　数：160千字
版　　次：2018年9月第一版　　印　　次：2025年2月第二次印刷

书　　号：ISBN 978-7-5166-4286-3
定　　价：48.00元

致

学者、导师、朋友查尔斯·爱德华·林德布洛姆

及

《当代文明概论》的学生和教员

目 录 ┃ CONTENTS

致 谢

　　本书的起源在于关于正义，特别是正义概念和正义感之间存在的失和问题长期以来都没有令人满意的学术观点。正义感自我们最早拥有书面记录的时间起便广泛存在于不同文化之间，并一直延续至今。为了打破过去几十年关于正义对话中的学术泡沫，我在过去几年里一直埋首于各类文本中，既有久负盛名的，也有相对无名的，试图再次体验以往几世纪以来激励人们探索正义的各种情感。我希望我的努力在阐明正义本身的同时，也能够找到证据证明历史上一些被长期遗忘或者被不公地忽视的思想的存在。

　　本书虽然简明，却涵盖相当多的领域，尤其是编年部分的内容。为使叙述和讨论尽可能地精确、清晰和深刻，我大量地征询他人的意见，相对地也欠了很多人情。以下这些人员，丹尼尔·艾伦、罗伯特·古丁、艾拉·卡茨尼尔森、珍妮佛·皮茨、托马斯·博格、梅利莎·施瓦茨贝里、安妮·施托尔茨、卡佳·沃格特、杰里米·沃尔登、加雷斯·威廉姆斯、吉米·韦策尔、哥伦比亚政治和社会思想专题研讨会的成员，特别是杰里·施尼温特，在读完本书后就某些章节给出了建议。在他们的帮助下，本书才能成为更好的作品。此外，卢克·麦克因尼斯就第六章给出了建议，莉兹·施瓦岑贝格尔帮助完善我对于第二章某个段落的理解，艾萨克·纳希谟夫斯基协助我编写后记。2009年秋季学期，大卫·伦敦在加州大学伯克利分校他开设的正义课上要求他的学生读完全部章节，并在学期末给了我有用且令人鼓舞的反馈。

温迪·约翰斯顿在每章完成后都会进行阅读，她的建议对本书的清晰性贡献很大。在本书接近尾声的时候，布莱·恩加尔斯滕很慷慨地花时间读完了整个脚本，并提供了宝贵的意见，大大地提升了本书的质量。两位威利-布莱克维尔出版社（Wiley-Blackwell）读者的报告也使我受益良多。这两位读者我并不认识，但是他们极大的鼓励和鲜明的想法使我的整部文稿得以润色。凯瑟琳·约翰斯顿帮我一起校对整本书。

我还希望感谢威利-布莱克维尔出版社的编辑尼克·贝洛里尼，在他的劝导下，我才同意写这本书。他还和我一起为本书做前期准备。还有杰夫·迪恩，从头到尾一直在指导本书的创作，直到最后定稿。安德烈亚斯·奥古斯塔给予我重要的研究援助，他提供有用的意见，并帮我准备注释和词汇表。艾丽莎·玛丽亚帮我收集整理资料，这些资料是最终编辑及校对文稿和注释所需要的。玛鲁娜·特库森对稿件进行了大量的修改，添加了实质的内容，最后帮忙润色，对此我表示非常感谢。我还应该向哥伦比亚大学高校研讨会的华纳基金（Warner Fund）表达谢意，感谢华纳基金帮我出版本书。本书所涉资料将会提供给政治和社会思想专题研讨会。

我很荣幸能在过去八年的时间里担任哥伦比亚大学人文系社会管理委员会的主任和主席。这个委员会及其所处的海曼中心，为本书的构想和写作创造了良好的环境。几个同事还给予了启发。我还希望感谢大量的学生和教学助理，当我在2001年春季学期开授正义课时，他们就身经磨炼。如果我的想法不是首先在此课程上得到大致方向的尝试，我也不可能完成这本书。

我欠的最大的人情其实与本书主题没有特别关系。在我教育生涯的早期，爱德华·林德布洛姆就不断地鼓励我、支持我，给我大量的亲身指导。最重要的是，他给我树立了一个我所知的最优秀、最具批判性、意志最顽强的榜样，没有人比他教会我更多的东西。同样的，还有很大的人情来自哥伦比亚大学《当代文明导论》这门课程的学生和教职人员。在将近一个世纪的时间里，此课程让无数老师和学生开启了对于正义问题的审视，也使我在这25年里受益。我以此书向最后两例卓越的典范致敬。

引 言

多年以来，学者们坚持将关于正义的概念映射到两大领域之一。据此，其一的功利主义领域观点是规定一个目标，再通过具体化一系列有作用的原则、规则和指导从该目标中获取正义概念。现代人最常谈论的目标就是幸福的最大化，这个目标在功利原则（或者最大幸福原则）下形成，是古典功利主义领域的核心思想。"功利主义"标签被应用于这一领域，是为了识别这一思想学派的优势，但是也有涉及这一领域的其他诸多学派致力于这一主题的变体或者与之完全不同的目标。

"义务论"（现代道德哲学术语）是除功利主义之外唯一被公认的领域。义务论派统一认为正义是严格的责任，任何其他考虑不得凌驾于它，就算该考虑是为了达到高度理想的目标。促使这套观点形成的基本思想是，有些事情是"对"的，无论他们是否"好"。

尽管这两大领域的主要观点各自有着悠久的传承，但如果要说所有重要的正义概念都是这两种观点的典型体现，最早也只能追溯到18世纪后期；当时近现代道德哲学的两种主要观点，即功利主义和康德学派，有着与众不同的特性，这种特性从形成开始一直延续至今。

上述正义理念布局疏忽或者遗忘了前4000年对于正义话题的思考。事实上，这出奇地与历史无关。更麻烦的是，这种布局阻碍了我们对一系列贯穿历史和不同文化之间被非专业的知识分子（也有专业的）所普遍接受的正义理念和感知的认知，使得现代学术界普遍传递并接受的正义概念中缺失了一整块内容。

在有史可考的正义思想中，有一种正义概念曾经抓住西方世界人们的思维，而我写本书的主要目的就是简单精确地描述这种概念。最古老也许是最普遍被人认可的正义概念，关注的不是所谓的形成正义准则和规则的首要目标，也不是权利和一系列由此衍生的不可推卸的责任，而是人们之间的关系特征。这种思想源于互惠互利概念，这个概念的强可塑性使其通过几个世纪的发展和润色塑造了相当详细的正义概念，但保留了其本身最核心的意义，这个意义将所有相关的正义概念联系在同一理念体系之下。

我还希望能进一步让读者充分相信正义关注的是人类关系本身，而非一个单独的杰出目标，也不是一系列作为过去几代的时间里主导着关于正义的学术讨论的两种理解模式的可贵替代物，值得被恢复的义不容辞的义务。但我并没有暗示这个在我们的时代之前在理念史上起到关键重要的作为互惠互利概念的特殊正义概念能够一如既往地作为解决当今社会的正义问题的可靠指南。然而，为了重塑可能对我们观点的塑造至关重要的关注人际关系特征的正义概念，我们必须首先找到那些造就早期正义概念的文献，重新考虑他们的可取之处和不足之处，希望以此塑造能更好地为我们服务的正义概念。从这个角度讲，本书是对过去的一种回顾和研究。

通过研究，我们应该认识到有史以来前1500年间或更早，正义概念很大程度上是以互惠互利概念为基础的。柏拉图（Plato）抨击这种互惠互利观点，并尝试用全新的目的性的（目的论）正义概念进行替代。自柏拉图时代以来，正义概念的历史标记就是基于互惠互利的认知和意在推翻这些认知的目的论之间的持久的矛盾。我们还要认识到，最早产生于古代却只有在现当代才日渐扩大影响的两大重要思想创新在过去几个世纪确实改变了对正义的思考的蓝图。这些思想创新如下：第一点，人们能够重塑自己的社会，以便使社会符合自己的规划。这似乎是公元前5世纪雅典的智者首次提出的。第二点，人类的价值是平等的。这个概念源自古代哲学斯多葛派理念，主要通过基督教运动逐渐散播出去。我们还应该注意到这两大创新和另一洞见一起构成了现代的社会正义理念，这一洞见就是几乎现代社会的所有财富都是社会产物，而不仅仅是个人产物的聚集（这与亚当·斯密[1]的看法最为接近）。在近两个世纪的时间里，这个理念在正义问题的思考上起非常重要的作用。

没人比我更能意识到这个研究的局限性。我在书中很少提及严格的法律正义，也就是人们在日常生活中经常遇到的最明显的类似于正义的形式。我之所以忽略这点，除了篇幅上的约束，还因为我不相信严格的法律正义与一般正义的对比会比军乐和一般音乐之间的常见对比更容易让人接受。法律正义最佳的状态是得到能够与其保持一致的相应的正义结果，但是几个世纪以来，我们所知的大多数的法律体系都做不到这一点。我也很少提及从色拉叙马库斯（柏拉图《理想国》一书中的代表人物）的观点到尼采的作品以及其他人的作品中折射的哲学观点中对正义的深度怀疑。但我认为这个研究在一定程度上可以回应这些质疑，而就我而言最好的回应方式似乎就是尽可能清楚地呈现关于正义概念的正面言论。质疑的出现是因为缺乏理解，忽略了正义概念是人类发明和改善的一种工具，和其他工具一样，它不能被无限地塑造，也不能因人的偶尔兴起以任何形式被重新发明，至少不会是我们认为它该是什么样子，它就变成什么样子。我似乎在大量"权威"或者"伟大"的思想家身上花费了太多篇幅和注意力，而极少关注他们的思想内容和

---

[1] 亚当·斯密（Adam Smith）：英国苏格兰哲学家和经济学家，经济学的主要创立者。译者注（本书当页注均为译者所加，此后不再注明）

被认为在政治哲学历史上不太知名的其他人的观点。我并不为自己的行为担忧，因为我相信我选择的作者明确有力地表达了至少和其他人的观点中一样丰满透明的关于正义的主要思维模式。我并没有尝试公平地对待政治思想史上的各个时期，因为我相信正义概念在某些时期确实远比其他时期要多产。可能最大的问题是我将注意力局限于西方观念（然而也包括古巴比伦人的思想，他们在很大程度上借鉴了早于他们的亚述人和苏美尔人，以及古以色列人的思想）。对于这点不足之处，我唯一能解释的是，我开始研究时所理解的词汇有限和本书所能贡献的内容有限，更重要的是目前为止我的能力有限。

　　然而我仍希望的是，尽管存在这些局限，这项研究能够发挥一定的作用。尽管有许多遗漏，但本书所讲述的内容揭示了一系列和被忽略的内容同等重要的正义概念。在未来组织关于正义的论文时，这些概念可能比我们在过去至少两三代能做到的事情更有建设性。

序言

从标准模型到正义感

人类的行为总是倾向于提升自己的利益。这个假设不仅适用于公众人物，也适用于我们日常生活中相识的人。一旦发现有些行为难以解释，我们通常认为近距离的观察可能会揭露这些行为背后自私的动机。虽然我们理所当然地认为政客和名人的行为动力是对个人利益的追求，这种利益可能是财富或名声，也可能两者皆是。但要说这些人最初的动力是公共利益或者其他无私的目标，我们还是持有怀疑的态度。哲学家和社会科学家有很多关于自私假说的著名论断。在英文世界最著名的政治哲学作品中，托马斯·霍布斯[1]宣称："每个人的自愿行为皆是为了有利于自身。"125年后，在那本被普遍认为是整个经济学的奠基性作品中，作者亚当·史密斯宣告：

---

[1] 托马斯·霍布斯（Thomas Hobbes）：英国政治家、哲学家。

我们能享受晚餐，并不是屠夫、啤酒制造者或者面包师赐予的，而是因为他们能够得到自己想要的利益。我们考虑的并不是他们的仁慈，而是他们的利己行为。我们从不和他们谈论自己的需求，而是他们的利益。

近期很多作家也做出了同样的论断。比如理查德·亚历山大在关于生物进化的作品中声称，我们无法理解人类行为，除非我们意识到社会是追求自我利益的个人的集合体。这个论断呼应了达尔文早期在同一研究领域的宣告，即"我们生而自私"。

自私假说在现代被一些观察到个人利益可能包含那些超越他们本身利益的目标的作家显著地加以改进。近年来，被认为是处于社会科学中心位置的广义思想的理性选择论就是以此为根本的。根据这种理论，对个体行为最全面的解释能诉诸三大因素：个体主观性目标（不论目标是什么），包括如何在他们与别人的关系中衡量或者定位自己；个人能做的一系列选择；和个人遭遇的情况的因果关系。特定的个人在特殊情况下的理性行为后来被认为是最能实现个人目标的行为，无论目标本身是什么。

现代理性选择论所完善的自私假说是人类行为标准模型的主要特征。有思想的理性选择论的支持者承认人类行为并非永远理性，很多因素都会促使非理性的发生。有时候可能没有定义清楚个人的目标，或者无法坚持清楚地将目标表达出来，所以个人无法在与别人的关系中一贯地定位或者衡量自己。或者个人对既得选择和情境因果关系的信任会受到自我欺骗或一厢情愿等非理性过程的扭曲。人们还会在收集影响他们决策的事实证据时因偏见而出现非理性行为。即使人们采取行为是为了达成目标，但是这些行为可能不是最佳的。如果行为没有为了促进个人目标经过最佳的设计，那么根据标准模型，这些行为就是非理性的。

对标准模型来说可能有点尴尬的事实是，有时候人们以实现自己目标的能力为代价意图使别人受益，而且通常来看，他们这么做在某种意义上似乎是理性的。举个例子，人们在一项试验中被告知与另一个其实并不存在的搭档配对，他们会在一个工业区内完成简单的工作，而他们的搭档则在不同的地方完成相似的任务。完成指定任务后，研究对象被告知他们的搭档有机会分走3美元共同报酬的一部分（这个实验是很多年前进行的）。同时他们被告知他们的搭档和他们一样出色地完成了工作。所以这就使研究对象相信他们的搭档可以分走3美元中的1美元、1.5美元或者2美元，而剩下的现金则留给自己。

了解到这种分配后，研究对象被要求回答一系列关于他们感受的问题，是幸福、开心还是愧疚等等，还有就是他们对自己搭档的看法和分配是否公平等类似问题。实验结果呈现出一个明显的模式。收到1.5美元的人感到最幸福，且最喜欢他们的搭档，因为他们相信就他们的表现而言，这是给予他们的平等的报酬。收到2美元的人相对没有那么幸福，因为他们意识到报酬超标了，而只收到1美元的人也没有那么幸福，因为他们觉得自己应该值得更多报酬。这项实验里的研究对象好像被两种动机所影响：一是他们能做的和想为自己做的，二是希望可以和自己的搭档平分共有的报酬。研究对象更倾向于收到2美元而非1美元，因为他们更喜欢有多少能力就做多么出色。而他们更喜欢得到1.5美元而非2美元是因为觉得多余的报酬是不公平的，即使他们是不公平的受益者。

再举另一个例子。在一项关于餐厅小费的调查研究中，人们被询问了两个问题，以下是所有回答的集合。注意：这项研究是20世纪80年代进行的，当时的餐厅消费远比现在低很多：

问题1：如果在一家常去的餐厅点餐，餐费10美元，得到了满意的服务，你认为大多数人会留下多少小费。

平均答案：1.28美元。

问题2：在去另一个城市的旅途中，在一家以后可能都不会再去的餐厅里消费10美元，同样得到了满意的服务，你认为大多数人会留下多少小费。

平均答案：1.27美元。

回答这两个问题的人似乎都相信以下这种景象：即给小费这个行为要么带来特别热情的服务，要么会导致盛怒的服务员对你进行令人为难的报复，几乎不会影响人们给小费这个行为。调查对象的回答更倾向于支持一种常识性的观点，即给小费这个行为是对优质服务公平的报酬，并未牵涉留下（或没留下）小费的人在未来可能会得到的任何利益。

最近一项以博弈论为基础的实验再次证实了上述发现。一个具有诸多游戏变体（比如其一的"信任游戏"）的大型游戏集群模拟了现实生活场景，在这场景中，人们按照一定的顺序传递物品，但缺少有效的强制机制防止"作弊"，就是说可以不像其他玩家所预想的那样将物品传递下去。尽管存在作弊的诱因，但是大多数玩家还是如实进行传递，这就是说他们要付出一定的代价使其他玩家受益。这种行为模式有时被称为"利他回报"，同时有一种在另一游戏集群中被证实的补充行为被称为"利他惩罚"。最著名的"最后通牒"游戏就是该游戏集群的一种。这些游戏的结果的总体模式表明，很多人，有时候是大多数人，愿意因他们发现的不公平行为惩罚其他玩家，即使他们自身要为此要付出一点代价。甚至有时候这种所谓的不正当行为会强加给第三方而非实施惩罚的游戏玩家。这些实验清楚地说明有时候人们的行为并不是为了他们自己的利益。甚至，人们会为了公平或者为了惩罚别人的不当行为愿意自己承受损失，这种情况发生的频率是相当高的。

这种模式在很多普通的或特殊的非实验情况下也很明显。众所周知，人们在自己或者他人受到伤害或者是极不公平的对待后，有时候会不遗余力地进行反击。同样的，如果别人有危险或者受到不公平的待遇，有些人（尽管可能不是很多人）还是会冒很大的风险，作出巨大的牺牲去帮助别人，包括陌生人。

为了实现公平或者惩罚别人的不当行为而愿意付出代价的意愿因人而异。同样，关于公平的构成，不同文化之间也存在很大的差异。但是尽管对公平的理解多种多样，对公平的考虑的敏感度却是无处不在的。在解释一些以公平为核心特征的行为时，人类行为标准模型遭遇了系统性的失败。

有证据表明，人类比标准模型所预测的更多地从事利他行为（对他人有利的行为，有时候行为者还要付出一些代价）。虽然利他行为并不是人类特有的，但和其他动物不同的是，人类能分析判断自身行为和他人行为是否公平正义。这些判断使得人类的利他行为变得与众不同。从这些判断者的角度看，这些判断迎合了某些标准，这些标准对于其制定者而言，与他们的个人目标和追求截然不同且无关联。这种以对公平的分析判断为动力的能力超越了或者说似乎超越了个人利益，似乎超出了人类标准模型的范围。

对正义和公平的评估判断可以与审慎的评估判断形成对照。比如为了获得长期的健康，我觉得坚持吃营养餐和经常做运动是明智的，那么这就是审慎的判断。同样地，如果我决定通过支付学费支持我女儿对音乐生涯的强烈追求，这个也是基于审慎的推理作出的决定。这类结论或决定是审慎的，因为它们的基础是依情况而定的目标。在我们的生活中，这种需要对各种各样的事宜进行审慎评估的场合无处不在。很多场合是很平常的：比如我现在应该听音乐吗？如果是，我最想听的音乐是哪种类型？而有些场合是很重要的：比如如果我想结婚，结婚对象应该是谁？尽管情况多种多样，但是共通的事实是我们做审慎评估时所依据的目标是由我们当时恰好遇上的可能无法与别人分享的目的和优先事项决定的。

相反，对公平的评估和判断最终基于他们制定的标准，该标准不同于人类思考依情况而定的目标的方式。通常，我们认为支持公平判断的基本标准应当与所有人共享。我们还认为，至少在某些重要场合，基于这些标准的行为指示优先于或者"优胜于"那些基于审慎判断的行为指示。当然，人们常常不赞同那些支持公平判断的标准。但事实上，他们不赞同那些标准这个事实和他们认为这些标准是客观有效的这个事实是兼容的（从并非依个人主观目标而定这个意义来讲）。人们一直以来不赞同的客观事件也包括事实问题。确实，不赞同本身是建立在存在可以进行否定的客观事件这个假设之上的。如果没有这个假设，人们并没有把他们的差异当作不赞同，而仅是意见或体验的分歧。

从事公平正义的评估并对此类评估判断有所感触的能力就是正义感。正义感的能力长期以来与语言能力联系在一起，这两种能力通常都被认为都是人类特有的。

亚里士多德在他的《政治学》一书中论证道：

正如我们乐于宣称的那样，自然不可能无目的地创造万物。人类是唯一被赋予语言能力的动物，而语言的目的就是指出利弊，表明正义和不正义。所以人类得以与其他动物区别开的一个特殊因素就在于只有人们可以体会善良与邪恶、正义与非正义以及其他类似的事物。

17世纪的哲学家托马斯·霍布斯也相信正义感是人类特有的，也将这种能力和语言能力相联系：

诚然，某些动物，如蜜蜂、蚂蚁等，能在群体中安然相处……但它们除特殊的判断和欲望的指示外并未受到其他的指示；也没有可以借以向别人表达自我认为对公共利益有利的想法的语言；因此，有些人也许想知道为什么人类就不能这样做呢。关于这一点，我的答复是……非理性的动物不能区分无形的侵害和有形的损失；所以只要它们生活安逸，就不会感觉受到了同伴的冒犯……[1]

---

[1] 此处原文详见《利维坦》，《利维坦》是霍布斯的代表著作，书中强调指出，统治者的权力是不受契约限制的，国家权力不可分割，不可转让。

尽管亚里士多德在他整部作品里都在强调正义感使大量共享规范和标准成为可能，而霍布斯则号召人们把注意力放在对于这些标准的争论会造成冲突的这个事实上，但是他们都赞成正义感是人类特有的，是和同样独特的语言能力相联系的，是人类社会所有属性中最基本的属性之一。

虽然语言和正义感的起源问题引发了长达数个世纪之久的思考，但是我们却并未收获可被接受的对这些起源的解释，这主要是因为我们用来证明或反驳这些解释的证据是过时的和零散的。一个近期出现的假说表明，随着人类社会的不断壮大和越发复杂化，为满足对评估光鲜亮丽的合作伙伴的可信度和其他类似情况的经济手段的需要，语言能力也可能不断进化。这个假说很有趣，好像和我们对所掌握的相关证据的一知半解是相容的，但还远不能令人信服。

所以我们无法解释语言能力和正义感是怎样在人类身上得以发展的。如果我们能够得到一个令人信服的解释，未来正义新概念的构建将会以此开篇。因为拥有正义感，我们的故事才能有理想的开端。在缺少这种解释的情况下，我们必须满足于对正义理念史始于根植于全部人类特性之中的正义感的发现。幸运的是，我们确实有几千年前关于正义概念的实质性记录，这些记录可以追溯到字母写作之前的年代。于是我们通过窥视人类历史上最早的可供参考的这些书面记录开始了我们的故事。

第一章

正义的领域

从21世纪这个有利的时间点来讲，古代的正义概念引人注目的原因主要有两个。首先，现存的古文本揭露了惩罚理念，有时甚至是毫无约束的惩罚，这使现代的读者坐立不安。其次，这些古老的信息毫无例外地完整地揭示了严格权力、地位和财富等级制度，这些等级制度被认为是正义的政治和社会秩序的化身。今时今日，对自由和平等的信奉受到世界上那些受欧洲思想影响深远的地区的广泛推崇，但至少在最早期的资料里，这种信奉无迹可寻。

关于正义概念的记载可以追溯到很多个世纪以前，早于希腊人创造哲学。公元前3000年至前2000年之间的律法集合从古美索不达米亚平原上的数个国度中保留下来，这些国度包括亚述、阿卡得、苏美尔和（后来合并了阿卡得和苏美尔领土的）巴比伦本身。这些律法之间的相似之处强有力地证明，美索不达米亚不成文法在3000年时间里的存在弥合了政治分歧。囊括范围最广的就是《巴比伦律法》，也被称为《汉谟拉比法典》[1]，虽然这部法典更接近于一系列巴比伦不成文法规的修正或者一套准则方针，而非法典或者法令合集。

《汉谟拉比法典》收集律法相关的准则和方针，以序言开篇，以半诗歌体撰写，后记以类似的风格收尾。序言和后记都歌颂汉谟拉比是律法颁布者，并劝说读者将这部法典流传后世。尽管汉谟拉比宣称自己是神明指定的向巴比伦传递律法的人，但是他（或者说那个宣称自己是汉谟拉比的作者）却声明律法是他自己编写的，而不是上帝赐予的。开篇的序言断言维护众神之首阿努姆[2]和恩利尔[3]（万神殿的首席执行官）：

> 唤我汉谟拉比，
>
> 虔诚的一国之君，
>
> 让正义在大地上显现，
>
> 摧毁邪恶和罪孽，
>
> 强者不再压迫弱者，

---

[1] 汉谟拉比法典 (Code of Hammurabi)：中东地区的古巴比伦国王汉谟拉比（约公元前1792—前1750年在位）颁布的法律汇编，是最具代表性的楔形文字法典，也是迄今世界上最早的一部较为完整地保存下来的成文法典。

[2] 阿努姆（Anum）和 [3] 恩利尔（Enlil）：两者皆是苏美尔之神，恩利尔也被称为大地之神。

真正像太阳般升起，普照大众，

让光明撒向大地。

至此我们可以清楚地发现在公元前3000年、前2000年和前1000年在那个被称为新月（亚洲西部，肥沃地带）的大陆上所创作的关于正义的作品中都包含的主题。整个序言和后记部分都随处可见正义（mi-sa-ra-am）一词及其变体。正义的主要目标是防止强者压迫弱者，完成这个目标的主要手段是直接以暴力惩罚威胁那些可能欺压弱者的人。

这个代表性的正义目标至少看起来对现代的社会正义概念中常见的平等主义问题有所作为。但事实上，这个代表性目标完全做不到平等。巴比伦作品和同时期的其他现存作品中提到的社会正义概念尽管没有完全脱离时代，但是确已过时。这个正义概念与平等无关，甚至无法做到减轻贫困。社会正义的构想是保护弱者的应得的权利不被不公地剥夺，这些权利包括合法的地位、产权和他们在这个固有的等级社会里应获得的相应的经济条件。但是构想中并没有表示弱者的权利和条件应该等同于或者比得上其他社会地位较高的成员的权利和条件。

贯穿整部律法的正义等级概念可以从关于惩罚的法规中看出来。举个例子：

196：如果有人挖出了一个自由人的眼睛，这个人的眼睛也要被挖出来。

197：如果他打断了一个自由人的骨头，他也应该被打断骨头。

198：如果他挖出了农奴的眼睛或者打断了农奴的骨头，他要支付一迈纳[1]银币。

贵族如果侵犯低层阶级的人，他们不能免于罪责，因为低层阶级的人也享有权利。但是贵族侵犯这些人的权利受到的惩罚远没有他们侵犯同等阶级的人受到的惩罚严重。

巴比伦律法对于等级制度的保护在高层和低层阶级之间是有明显区别的，再举个例子：

8：如果有个自由人偷窃属于神或者贵族的牛、绵羊、驴、鹅或山羊，他要作出30倍的赔偿；如果偷窃的同等物品是农奴的财产，则只要付出10倍的赔偿。如果窃贼无法支付赔偿，则会被处以死刑。

这两大代表性的选段表明，在巴比伦律法中，根据受害者和施害者地位的不同，因侵犯别人利益而受到的惩罚是有很大区别的。侵犯高层阶级的人远比侵犯低层阶级的人遭受的惩罚

---

[1] 迈纳：古希腊重量和货币单位。

要严重得多。比起底层阶级的施害者，高层阶级的施害者所受的惩罚要轻很多。地位和权利的极度不平等是巴比伦律法的一部分，且贯穿始终。

值得注意的是巴比伦律法准则中关于惩罚的残酷性。死刑被视为是对诸多违法行为，特别是反教会和反国家行为的适当惩罚，比如：

6：如果有人偷取上帝或王宫的财物，此人应该被处以死刑，而接收赃物的人也应该被处以死刑。

对于其他程度较轻的违法者而言，致残则是合适的惩罚。然而有的情况下，强加的伤害和所受的惩罚是相称的，比如以眼还眼，以被打成骨折作为对致人骨折的惩罚。另一些情况下惩罚是相当不相称的，比如无法赔偿受害者的罪犯或者因自己的不幸而抢劫教会或国家的盗窃者，是要被处以死刑的。

关于正义的赤裸裸的惩罚性概念也支持了《汉谟拉比法典》后记中的观点。后记中的前几行重申了《汉谟拉比法典》序言中的特性描述，就是汉谟拉比是正义的捍卫者，弱者的保护者。

我心怀苏美尔及阿卡得大陆的人民；

在我的精神领导下，他们变得非常富有，

我为他们和平的生活负责；

我凭自己的智慧保护他们，

强者不可欺压弱者，

给予孤儿和寡妇正义。

后记力劝汉谟拉比的继承人保留汉谟拉比的律法，并在诗节的第16行表明这么做的统治者会像汉谟拉比一样长久统治，永享繁荣。在另外的280多行里，则对无法维持汉谟拉比的律法的统治者进行威胁，威胁他们会因此承受可怕的后果：造反、饥荒、猝死、城市被摧毁、人民被驱逐和国度荒废，等等。强调惩罚那些无法保留和巩固《汉谟拉比法典》的人和法典本身强调严惩犯罪者，特别是冒犯高层阶级的人，相呼应。

正义与严酷惩罚之间的联系，无论是正面支持还是默认接受强硬的权力和地位的等级制度，在古代作品中都到处可见，远远不止新月地带创造的作品。拥有权力高度集中机构的古代国家会颁布，这样的古国会宣扬《汉谟拉比法典》；荷马[1]的《伊利亚特》[2]是在由氏族和部落组成的非集权的社会中创作的。但是《伊利亚特》也是在汉谟拉比统治后的1000多年里创

---

[1] 荷马（Homer）：古希腊盲诗人。

[2]《伊利亚特》(Iliad)：相传是由盲诗人荷马所作。是重要的古希腊文学作品，也是整个西方的经典之一。全诗共 15693 行，分为 24 卷，主要内容是叙述希腊人远征特洛伊城的故事。

作的，所以《伊利亚特》描绘的正义概念包含以上所有特征。

正义在《伊利亚特》中被称为dike，而后在希腊语中更抽象的描述是dikaiosune，在《伊利亚特》中并不是主要的美德；获此荣誉的是优秀性[1]，通常被翻译成"美德"或"优点"。在荷马的诗歌中，优秀性和一个战士的品质密切相关：强壮、灵巧和善用战争武器。在注重战士品质的大背景下，正义一词如果出现，也会和优秀性一样强调这些品质。

《伊利亚特》的开篇是关于阿伽门农和阿喀琉斯之间的反目。在发现包围特洛伊的希腊军队所遭受的瘟疫是因为阿伽门农拒绝释放一个他所囚禁的年轻女子后，阿伽门农不情不愿地释放了这个女子，却坚持向另一军队首领阿喀琉斯索要原本奖励给阿喀琉斯的美女布里塞伊斯作为补偿。

阿喀琉斯反对道：

我付出很多才得到亚该亚[2]人赐予我的礼物，现在你却以别人的性命威胁我，要剥夺这属于我的战利品。亚该亚人掠夺特洛伊人华丽的城堡时，我从未得到过和你对等的战利品。苦苦战斗的时候是我起到了关键作用，但分战利品的时候你得到的却永远比我多。我厌倦了战争，只能带着我视为珍宝的小物

---

[1] 此处的"优秀性"原文为arete，在古希腊语中有品德、德行之意，但又与"卓越"相关联，是个人某种品质的体现，同后世的"有道德"含义相差甚远。

[2] 亚该亚（Achaians）：希腊军队的集体称谓。

件一起撤回到我的战船上。

当阿伽门农以夺走布里塞伊斯回应阿喀琉斯的抱怨时，阿喀琉斯进行了报复。在阿伽门农与特洛伊的战役中，阿喀琉斯撤回了自己的军队，自己也拒绝参战。之后针对希腊军队的灾难接踵而来，导致了这场占据了史诗的后面篇章的悲剧。对阿喀琉斯而言，阿伽门农从战争中获取的战利品是不公正所得。这个剥夺阿喀琉斯战利品的伟大将领显示出的自恃构成了深刻的个人非正义，对此最好的回应就是报复。

在整部《伊利亚特》中，正义总是和报复相联系。在该作品后期描述的战场中，一个被俘的特洛伊战士向阿伽门农的弟弟斯巴达[1]王墨涅拉俄斯求饶，请求饶自己一命。阿伽门农知道这件事情后，匆匆赶到战场，并斥责道：

"墨涅拉俄斯，我敬爱的兄弟，你要对这些人大发慈悲吗？你在自己的官殿里享受到特洛伊人最好的服务了吗？没有吧。不要再让他们逃脱我们的惩罚，就算是在母亲怀里嗷嗷待哺的婴儿也不行。甚至不仅是他，所有的伊利昂人都应该被灭亡，全部抹杀，并不值得哀悼。"

---

[1] 斯巴达（Sparda）：古代希腊城邦之一，位于中拉哥尼亚平原南部，欧罗塔斯河西岸。

这个英雄这么说道，他兄弟因为他所要求的正义而屈服。墨涅拉俄斯猛地用手推他背后的战士，强大的阿伽门农刺伤扭动的战士，阿特雷德则一脚踩在他的腹部，拔出灰矛。

阿喀琉斯在上述选段的开篇中呼吁的正义就是平均分配战利品，这听起来有点像小朋友之间的小打小闹。反而，选段中那些报复性的回应，特别是阿伽门农后来致命性的行为，对现代读者来说似乎是过时的，令人厌恶的。

不同于巴比伦律法，《伊利亚特》并没有明确地呼吁对权力、地位和财富的等级制度的关注。如果这么做了，反而显得多余。因为很明显，象征着希腊社会的士兵们驻扎特洛伊城外，理所应当地组成了弱—强—更强模式的复杂等级制度，而且看起来似乎是自然而然的、正义的。《伊利亚特》开篇的那场争论就游走在这种等级制度的边缘，在这场争论中，阿伽门农声称，因为他是亚该亚人的首领，所以他有权优先享有战利品，而阿喀琉斯则声称，他是公认的最优秀的战士，为战争作出了更多贡献，他有权享有比他目前所得的更多的战利品。整体的等级秩序的正义性并没有受到任何质疑。

在古代律法和其他希伯来圣典中，对等级制度的认可和对应得惩罚的着重强调都有迹可循，只是强调的内容有很大的区别。上帝惩罚对抗自己的人类（和上帝与亚伯拉罕定约及后来和他在西奈山上立约之后针对以色列人的惩罚）所作出的一些行为是众所周知的。在《创世纪》[1]第六章中，上帝决心抹掉地球上的整个人类族群，因为他们不断产生邪恶的思想、偏好和行为。但是上帝放过了诺亚和他的家人。在第十八章中，上帝决定摧毁索多玛和俄摩拉城，因为他们的居民罪恶深重。亚伯拉罕向上帝求饶，最后上帝同意，如果能够找到10个义人，他便为了这10个义人而拯救索多玛。结果找不到这10个人，上帝在索多玛被夷为平地之前，派出天使拯救亚伯拉罕的侄子罗得和罗得的家人。罗得的妻子因为违背上帝的旨意，在逃跑过程中回头看而被变成了盐柱。除了她，罗得和其他家人都存活了下来。在《出埃及记》[2]中，以色列人扎营在西奈山上，而摩西则攀上西奈山顶代以色列人从上帝那里接收律法，以色列人变得不耐烦，最终听从了摩西的兄弟亚伦的建议，用金银珠宝造了一只金牛代替上帝。真正的上帝威胁要毁灭所有人，留下摩西和后代开创新的时代。摩西恳求上帝放过他们，上帝的怒气平息了。但是没多久，上帝募征以色列部落之一的利未人杀害了很多以色列部落，成千上万的人因为对上帝的不忠丧命于上帝对他们的惩罚。这段插曲之后，希伯来圣典中就充满了以色列人因对上帝不忠而被施以囚

---

[1]《创世纪》（Genesis）：基督教经典《圣经》第一卷书，开篇之作，属于旧约摩西五经（天主教译作梅瑟五经）。

[2]《出埃及记》（Exodus）：希伯来圣经用本书第一个词"他们的名字"作为本书之名，中文圣经则根据七十士译本称本书为《出埃及记》。传统学者认为本书的作者就是摩西本人，新约的作者。

禁、奴役以及其他的苦难这样不断循环的故事。

对于上帝和上帝创造的人类以外的关系，希伯来圣典采用的是惩罚理念。希伯来人之间流行的正义的基本规则就是惩罚。以下这段话抽取于上帝在西奈山上通过摩西传递给以色列人的律法。

任何袭击杀害他人的人应处以死刑。但如果不是故意的，是符合上帝的旨意的，凶手可以逃到指定的地方。如果是故意的，应该把凶手带离祭坛，并处以死刑。

任何伤害父母的人都应处以死刑。

任何诱拐他人的人都应处以死刑，不论诱拐者后来是出售被诱拐者还是将其占为己有。

任何辱骂父母的人都应处以死刑。

根据上述描写，当违法者受到应有的惩罚，正义得以实现。惩罚是很残酷的，很多时候，至少对现代人而言，因辱骂父母而被处以死刑是不合适的。

对于冒犯上帝的子民，上帝会施加惩罚或者允许别人进行惩罚；而人类之间互相对立也会产生惩罚；除此之外，希伯来圣典中设想了第三种惩罚：上帝对于无法为贫困者和弱者主持公道的人或统治者的惩罚。在开始字母写作的时期，这个主题占据首要位置，以下例子来自两部主要先知书的选节。

在上帝眼中，没有看到正义，

就是邪恶，

他看到无人施以援助，

但是无人干涉，他很愤怒……

穿上报复的外衣

以嫉妒的愤怒粉饰自己。

他是高高在上的报复之神，

他最大限度地，

施怒敌人，报复敌人

将此传达给雅各人民……

他们变得富有和高贵，

傲慢和怨恨；

他们充满邪恶的思想，

拒绝正义，

他们从不纠正对孤儿的看法

也无法向贫困者保证正义。

我不应该惩罚他们吗？

神如是说；

不应该对这种人

进行报复吗？

　　在希伯来圣经和早期的美索不达米亚作品中，弱者的权利不一定和强者的权利对等，但弱者的权利若被侵犯，则以惩罚或者报复实现正义。

　　漫不经心的读者看到这里可能会认为，如同在巴比伦律法中，先知对于贫困者和弱者的正义的强调是对平等主义倾向的预示。但是我们马上就会意识到，希伯来圣典（记住重要的一点，希伯来圣典是公元前第一个千年里好几个世纪以来不同的法规的合集）中的正义和上述更古老的巴比伦律法中的正义有着很大的不同。很多现代的社会正义概念中常见的平等主义情感在这圣典中并没有体现。根本上来讲，希伯来条文，像巴比伦律法一样，相信社会正义是对弱者的保护，保护他们不会被不公地剥夺自己合法的地位、财富和在已建立的等级制度下获得的相对应的经济条件。

　　还要意识到重要的一点，一些解读者认为希伯来圣经中对于弱者和贫困者的义务是出于正义义务，而非慈善义务。很多关于这些义务的选段都采用希伯来文中关于正义的术语（真道）来解释这些义务。很多相关的选段都采用明确的司法术语进行辩证。在《以赛亚书》[1]中，上帝命令索多玛和俄摩拉城的

---

[1] 以赛亚书（Isaiah）：《圣经》的第 23 卷书，是上帝默示由以赛亚执笔，大约在公元前 723 年之后完成。

统治者追求正义，捍卫被压迫者，赋予孤儿应有的权利，为寡妇辩护。希伯来先知玛拉基书如此说道：

> 万军之耶和华说，我必临近你们，施行审判。我必速速作见证，警戒行邪术的，犯奸淫的，起假誓的，亏负人之工价的，欺压寡妇孤儿的，屈枉寄居的，以及不敬畏我的。

和巴比伦律法一样，希伯来圣经阐述了虽已过世但被认为是某种社会正义理念的对社会秩序的构想。同时，类似于巴比伦律法，这个理念的关注点是权利，包括弱者和被压迫者的权利，而非平等性。寡妇、孤儿、陌生人以及其他人在关于这些权利的保护的选段中显得最为突出，那是因为这些人的权利比其他大多数人更容易被侵犯。他们的权利是正义宣言的组成部分，而非慈善宣言。古老的希伯来律法和其他条文一样都是在不平等的社会秩序下成型的，而这些作品并没有表明这种不平等的秩序本身是不正义的。

除了不否认贫困者、弱者和弱势群体的存在，希伯来圣经几乎和其他同期的或者更古老的关于律法和社会关系的作品一样，都描绘了一个男女关系等级制度分明的社会。父权主义的代表人物，比如亚伯拉罕和以撒，都不止一位妻子。而圣典中勾画的丈夫与妻子之间的关系，更接近物主与所有物之间的主从关系，而非伴侣关系。亚伯拉罕在上帝承诺他千孙万代之前叫作亚伯兰，他和妻子撒莱（后来叫撒拉）因躲避内盖夫的饥荒而逃到埃及。他跟撒莱交代在向埃及人介绍自己的时候要自称是亚伯兰的姐妹，而非妻子。埃及的统治者法老将撒莱带进了后宫，显然是要将其纳为妃子，还为此善待亚伯兰使其富足。撒莱的后代是上帝选定的子民，上帝对她这种几乎以色易物的行为相当不满意，于是上帝在整个法老宫殿中散播疾病，法老后来将亚伯兰和撒莱一起送走，但是亚伯兰却从整个事件中得到了不菲的好处。确实，希伯来圣经中的女性角色往往能展示自己的机智和力量，但她们这么做是因为接受了自己与男性之间的主从关系，认为她们是受男性主导的。

希伯来圣经也承认奴隶法，接受它的合法性，给予这种制度重要的法律认可。希伯来父亲有权贩卖自己的孩子，不管男孩女孩，都可以贩卖为奴隶，律法也允许一些人这么做。西奈山上，上帝通过摩西传达给以色列人的律法中就包含奴隶买卖和释放的条文。很难找到比规范奴隶制实践的法规更明显的证据来证明权力和地位等级制度的盛行及其认可度。

古希伯来圣经中支持的不平等和编成法典的更古老的美索不达米亚法规中支持的不平等区别很大。以上帝传达给摩西的律法条文为例：

你若买希伯来人作奴仆，他要服侍你六年，第七年他可以自由，白白地出去。

人若卖女儿作婢女，婢女不可像男仆那样出去。

如果主人没有和她发生关系或她没有取悦主人，就要让她赎身。主人对她不公平，所以没有权利将她们转卖给陌生人。主人若另娶一个女子，原先女子的饮食、衣服、并好合的事，仍不可减少。若不向她行这三样，她就可以不用钱赎，白白地出去。

人若打坏了他奴仆或婢女的一只眼，就要因他的眼让他自由离去。若打掉了他奴仆或婢女的一颗牙，就要因他的牙让他自由离去。

该选段开篇中男女奴隶受到的不同的待遇是其最值得注意的特征。但同样值得注意的是这里提及的关于奴隶权利的条文比巴比伦律法或者大多数其他古老律法中提到的任何条文都要强有力。

如果，请注意是"如果"，如果这些条文被有效地实施，那跟非洲几世纪以来实行的相对现代的奴隶法相比，古代以色列人的奴隶法不算是特别恶毒。

更进一步来说，希伯来律法并不像巴比伦律法和其他古老的美索不达米亚律法那样承认拥有能够减轻贵族因错事所遭受的惩罚的合法特权的贵族阶级。除了著名的《十诫》[1]，西奈山

---

[1]《十诫》（Ten Commandments）：《圣经》记载的上帝（天主）借由以色列的先知和众部族首领摩西（梅瑟）向以色列民族颁布的十条规定。

上传递的最著名的律法选段如下。

　　无论哪里受到伤害，都应该同等地还回去：以命偿命，以眼还眼，以牙还牙，以手还手，以足还足，烧伤对烧伤，瘀伤对瘀伤，创伤对创伤等等。

　　这种准则在《利未记》[1]第24章和《申命记》[2]第19章都出现过。它被标记为同态复仇法，源自在早期古罗马律法中占据关键位置的平等条文。最值得注意的是，该准则并没有为不同阶级的受害者或者施害者规定不同的惩罚。确实，此法典的一个独立篇幅表明，如果奴隶主毁掉奴隶的眼睛，对其的惩罚是还奴隶自由，而非取其眼睛。很明显，希伯来律法中分配给奴隶的权利和义务和分配给其他人的权利和义务是不同的。不像巴比伦律法，西奈山上口述传递的法典并没有进一步区分以色列军队中的成年男性。如果说古希伯来律法没有正视现代社会正义的支持者所设想的平等制度，但这些律法确实在指示法律面前的平等性方面取得了重大突破，至少对自由成年男性而言

---

[1]《利未记》（Leviticus）：《圣经》旧约的一卷书，本卷书共27章。记载了有关选自利未族的祭司团所需谨守的一切律例。

[2]《申命记》（Deuteronomy）：《圣经》旧约的一卷书，本卷书共34章。记载了以色列的子孙的前景、他们在约旦河的对岸会遭遇的困难和摩西向百姓提出最后训示。

是如此。

还值得注意的是，尽管在希伯来律法中，惩罚是中心思想，但是一般来说，这些条文中描绘的惩罚比古时美索不达米亚法典中的那些法规规定的惩罚与犯错者更为相称。以下面内容为例：

倘若有人偷盗牛或绵羊并进行屠杀或贩卖，则其应为其所偷的牛赔偿5头牛，为绵羊赔偿4只绵羊，且必须全部付清；若未做到，应贩卖自身作赔偿。倘若牛、驴或绵羊被发现时依旧完好，则只需支付两倍的赔偿。

这种按5∶1或者4∶1比例赔偿原主的惩罚（如果动物还活着，则是2∶1）与之前我们提到过的巴比伦律法中规定的对于相同的罪行按30∶1或者10∶1赔偿原主的惩罚相去甚远。同样地，犯错者如果无法按要求赔偿，他们应当被当成奴隶进行贩卖，如上所述，有望六年后重获自由。该条文比起巴比伦律法中描绘的死刑，似乎更适合用于惩罚偷窃牲畜的人，或者至少没有那么不相称。

从现代的角度看，希伯来律法中规定的任何袭击或者辱骂父母的人（在上述《出埃及记》选段中有所规定）应受到的死刑并不归属于上述惩罚类型。如果我们考虑到贯穿希伯来圣经的两种平行关系是上帝与他选择的子民之间的关系和父母与孩子之间的关系，就更能明白为何会存在这种例外。《十诫》分为两个部分：一是明确以色列人对上帝最基本的义务；二是关于以色列人之间相互的义务。第一部分的中心思想是要求以色列人无一例外地一直崇敬上帝，敬仰上帝。第二部分则是以一条著名的条文开篇，即"尊敬你的父母，你才可能在上帝赐予你的这片土地上长久地生活"。父母与孩子地位之间的关系更接近上帝与他的子民之间的关系。就此而言，也就不奇怪为何对辱骂父母的惩罚和上帝对违抗自己的以色列人的惩罚一样严酷。

由于古希伯来律法并不像巴比伦律法那样明确地认可地位和权力的等级制度，所以圣经中描绘的上帝与他选定的子民之间关于命令和遵从的密切关系还有一段很长的路要走。如我们所见，巴比伦律法扩展了对教会和国家的特殊认可，相应地衍生出残酷的惩罚惩治违反教会和国家的人们。这些律法也将人划分为贵族和平民。大多数希伯来律法不会效仿这些，因为其中心等级制度是以色列人和上帝之间的关系。

通常来讲，古希伯来律法中关于惩罚性正义的条文所建立的前提是错误与惩罚相称。这些律法倾向于互惠互利原则：即以命偿命、以眼还眼、以牙还牙等等。

回顾一下，不难发现其他古老的律法中也有类似的原则。在古巴比伦律法中，如果有人伤害与其同等地位的人，那此人所遭受的惩罚是受到同等的伤害：以眼还眼，以骨换骨等等。在《伊利亚特》中，阿喀琉斯最初的抱怨就是阿伽门农所作的贡献并未达到其所得到的战利品的价值。阿喀琉斯争论说，他所作的贡献最多，而阿伽门农却比他得到了更多，因此就存在贡献与奖励之间的不平衡，这也就不符合互惠互利的思想。

某场战役中，某个被俘的特洛伊战士为自己求饶。阿伽门农申斥墨涅拉俄斯动摇了惩罚的相互原则：特洛伊人对希腊人施恶而非施善，所以饶这战士一命视为不公平。

所以，互惠互利在古代正义概念里似乎占据中心地位。事实上，跨文化研究表明，所有已知的社会都高度重视互惠互利的附属价值，因而我们可能会发现正义的真实概念与现实世界行为有很深的联系。几个世纪以来，很多哲学家支持这样一种说法，即人们有义务回馈自己所受的好处。罗马哲学家西塞罗[1]说，报答善举是最有必要的事情。没人会相信真有人会毫无私心地施善。

爱德华·韦斯特马克[2]在其创作于20世纪初期的《道德观的起源和发展》一书中争辩道，"可能随处可见回报善举，或者感激一个施善的人，至少在一定情况下，这被认为是一种义务"。事实上，没有任何理念像互惠互利原则被一贯地认为是正义的组成部分，或者被广泛地认为是通用的道德条文。

---

[1] 西塞罗（Marcus Tullius Cicero）：古罗马著名政治家、演说家、雄辩家、法学家和哲学家。

[2] 爱德华·韦斯特马克（Edward Westermarck）：芬兰哲学家、社会学家。在其著作《人类婚姻史》（1891年）中提出了韦斯特马克效应。

普遍认为，互惠互利是交换喜爱的东西，至少是交换具有对等价值的东西。但是，正如社会学家和人类学家很早之前指出，事实上，互惠互利适用于一系列的交换行为，甚至是对等与不对等之间的交换。最极端的一种情况是，可能有一方收受恩惠，却无任何东西回馈给另一方。如果参与者收取的利益与他们付出的恩惠对等，那这种交换则称为平衡互惠。记住，交换可能不仅仅只涉及两方，而交换的东西可能是利益，也可能是伤害。对于不满足对等条件的交换，我们可以采取不平衡互惠的概念。

从古至今的作品都屡次暗示，对等的人们之间正义要求他们之间进行的交换显示出平衡互惠的特征，至少长期以来确是如此。阿喀琉斯在《伊利亚特》开篇的那场争论中说道，对比包括阿伽门农在内的其他希腊人，他在战争中所作的贡献更大。因此，尽管阿伽门农是公认的希腊军首领，但在战利品分配这件事上，他应该和阿伽门农享受同等的待遇，至少要不相上下，接受的战利品份额也应和阿伽门农差不多。巴比伦律法中，伤害与之地位平等的同是贵族的贵族应承受同等程度的伤害，如此一来，他们之间的交换，这里特指以暴制暴，才符合平衡互惠原则。涉及个人伤害时，古希伯来律法同样倾向于平衡互惠原则，律法中规定，做错事情的人应该承受他们施与别人的同等的伤害。在历史上，人们相当赞同平衡互惠概念或者说平衡互惠原则，不管交换的是利益还是伤害。

但是，只有地位对等的人们进行交换时所采取的平衡互惠原则才被视为正义原则。在人类历史中，几乎所有的社会均将他们的成员划分为不同群体，这些群体的权力、地位和财富皆不平等，并且在很多社会中，这些群体在价值上也是不平等的。这种极度不平等在古美索不达米亚社会和古希腊社会中盛行。当然在古以色列中也有所体现，只是并没有像巴比伦人所做的那样被编成法典。类似的不平等在后来的大多数社会中均有体现并得以保留。

在被认为地位不平等的人们之间，不平衡互惠原则通常被当作是正义的。在巴比伦律法中，完全自由的人比平民优越，平民的处境在某些方面更接近农奴的处境。相应地，前者做错事受到的惩罚和后者做错事受到的律法惩罚是不均衡的。《伊利亚特》以文学形式表述古希腊英雄，在此表述中，基于平衡互惠原则的待遇所造成的争议存在的前提是争议双方是平等的。《伊利亚特》中出现的人物均认为地位不对等的人之间的关系就应不平等。在那个时代，古希伯来律法是个例外，它几乎让自由成年男性在法律面前享受平等性。但是即便如此，这些律法还是一致认可在很多重要情况下，包括涉及男女关系的情况，能够解释不平衡互惠的地位的差异。历史上基于不平衡互惠理念的正义概念，和基于平衡互惠理念正义概念一样强大，一样盛行。

要将平衡互惠或是不平衡互惠理念运用于现实情况，却不遭受到任何质疑，这是不可能的事。因为无可避免的现实原因，在没有外部辅助的情况下，没有一个理念能作为正义概念的基础。

可采取平衡互惠原则裁定正义是否在实行或者如何实行，只有这种作为标准的平衡互惠原则才能成为对比利益和伤害的基础。最简单的情况就是我们谈论的利益或者伤害属于同一类型。比如，同态复仇法所描绘的惩罚，即失去眼睛或牙齿等，与行凶者施加的伤害就属于同一类型。

如果利益或者伤害属于不同类型，只有当这些利益或者伤害能够以共同的参数进行评估，平衡互惠原则方可适用。很多情况下，顶多只是大致粗略地判断比较类型。如果我发表文章宣传你的乳牛场，为你带来声望，招揽生意，那作为报酬，你应该免费为我提供牛奶。这种情况下，很难说彼此收受的恩惠在价值上是否对等。同理，如果我放任自己的狗攻击你的家畜，使你因此遭受损失，你可能引走我的水流，从而切断我的水源供应，对我进行报复。那么在你看来，这样的报复行为和你所遭受的损失是否等价值？缺乏一个共同的价值标准的情况下，是无法回答这个问题的。

这个问题最好的解决办法就是引进公共货币。当然，货币的作用多种多样。作为一种满足对实现正义的共同标准的需求的手段，货币的使用遭遇了两大主要难题。首先，从某些意义上来讲，一件物品的货币价值由市场体系决定，货币或者说物品的市场价值和它在特殊情况下对于个人而言的价值之间会出现巨大差异。其次，通常认为一些物品不能或者说被认为无法与其他物品进行比较。因此从原则上来说，它们的价值不会或者不应因共同标准而减少。例如，我们有时会说金钱无法买到爱情。同理，在政治体系中，某些集体决策是通过投票程序制定的，而选票不应出售这个原则是被普遍接受的。再者，通常认为如强奸和侮辱之类的侵害并无对应的金钱价值。这些固有的或者制定出的对交换的障碍限制了能够使用货币对比不同种类的利益或者伤害的范围。但这个范围还有待考证。对于超出这个范围的利益和伤害，为实现正义，可作假设以便扩展该范围，比如诽谤造成的伤害具有附属的货币价值。

多数情况下，货币的使用连同一些传统的允许不具备商业价值的利益或者伤害分配到货币价值的假设一起判定交换是否满足平衡互惠原则。

不平衡互惠原则的情况则更为复杂。为了断定以平衡互惠原则为基础的交换是否公平，我们必须明确交换的利益或者伤害的价值。为了断定以不平衡互惠原则为基础的交换是否公平，我们必须明确交换的利益或者伤害的价值；以及在交换被视为正义的情况下，确定这些利益或者伤害必须遵从的不对等比例。基于不平衡互惠原则判断交换是否公平比基于平衡互惠原则判断交换是否公平需要考虑的变量更多。支持不对等的人之间的不平衡互惠准则的社会必须要解决的问题是，找到能够比较不同利益或者伤害的标准，并制定标准判定不平等利益和伤害的交换比例。

在一些社会中，与正义相关的变量会将人群划分成不平等的群体，无论这个变量是地位还是所谓的美德还是两者皆是，在这样的社会中，解决上述问题的办法就是制定一系列能指定每个主要群体对应的地位权利和义务的角色定义。这些地位权利和义务构成那个社会的"领域"地图，引导各人群确定自己的定位是剥削者还是被剥削者，并且指引人们，经过时间的变迁，这些定位差异如何进行再生或者重组。没有这类地图，不平衡互惠概念也就无法固定成型，那么就无法回答是否公平的问题，具体到这里，就是指不平衡互惠问题。

大量证据表明，附属于等级制度和尊敬的价值与附属于互惠互利和公平的价值一样，在人类文化之间普遍地进行传播。虽然古代理念中对等级制度的强调从由现代欧洲的社会正义概念塑造的21世纪的观点来看是引人注目的，但是这种强调从泛历史和泛文化的角度来看也并无特别之处。当然，永远不要忘记，关于几乎所有社会，特别是古代的社会的大多数信息，均源自这些社会的高层阶级。在有史记载的整个4000多年的人类历史中，每个社会的大多数人几乎都是文盲。即使偶尔有低层阶级的人成功地学会读写，这些人也不可能接触到书面文件的制作和留存，除非是受到高层阶级的人的指示。所以，不要认为我们在古资料里找到的正义理念可以精确地指引我们了解社会弱者和弱势群体的想法。但是跨文化证据表明，尽管有特权的人经常因拒绝自己的人感到愤怒，但是大多数支持权力、地位、财富和所谓的价值等级制度的社会成员将这种区别作为他们评断道德和正义的依据。

值得强调的是，通常情况下，一个社会的领域能作为判断正义的依据，是因为人们认为那个领域是正常的，并不一定是因为那个领域本身有多公平。适应心理学研究表明，接受任何一件事的稳定状态都需要一定的时间，至少在人们生命终结之前，如果没有其他选择出现，原来的状态不会发生改变。一个领域可能因为构成它的地位权利和义务是用征服或者类似的强硬手段获得的而从一开始被认定为不正义，但是随着时间的迁移，这种领域通常会获得神圣的地位。比如11世纪的诺曼征服[1]后，英国政治和律法机构以对诺曼有利的新的政治和律法规则逐渐代替当时的盎格鲁-撒克逊政治和社会秩序。通过征服或者其他强硬形式导致的领域变更，通常伴随着持久的思想战役，目的是使新秩序显得"自然"和正常。这些思想战无论失败或者成功，要想使新秩序保持可持续性，就有很长一段路要走。

通常来说，一个高度重视等级制度的领域最突出的特征就是弱者和当权者之间的"妥协"。在这妥协中，当权者为弱

---

[1] 诺曼征服：以诺曼底公爵威廉（约1028—1087）为首的法国封建主对英国的征服。

者提供保护，往往附带许诺额外的好处，而弱者回报顺从和尊敬。实际上，这就是《汉谟拉比法典》指示巴比伦人作出的妥协，广义上来讲也是上帝与以色列人之间的协议，上帝承诺保护以色列人，为他们提供沃土，保他们繁荣和国家独立，但是作为回报，以色列人要服从上帝，崇拜上帝，对上帝忠诚。

这类"妥协"首先本身是平衡互惠的一种形式，虽然有时很难鉴定这场妥协中哪方付出的更多，哪方付出的更少。承诺为弱者主张正义并威胁无法主张正义之人的古代巴比伦和希伯来文本就是根据地位高责任重的原则延伸到这些承诺。这些承诺中，对于贫困者权益的保护是强者赋予弱者的礼物。但是这份礼物却加强了等级制度，从而帮助维持强者的特权地位。在高度重视中央集权的社会中，涉及重新分配时，物质流动通常对贫困者和弱者有利。所以严格地从物质角度来讲，互惠关系偏向贫困者，是不平衡的。但是集权的重新分配过程本身类似于宗教仪式以及对加强统治者的重要性和权力的中心权威的从属关系。

几乎所有，从某些方面来讲就是所有，有史记载的人类社会都曾出现过等级制度。但是在这些社会盛行的等级制度的组织方式却是大相径庭。每个社会都会展现自己独有的领域，它的制高点和制低点，就是剥削和被剥削的不同定位，这些制高点和制低点处于不同的位置，有着不同的高度。另外，在一个历史连贯并拥有单独身份认可的社会内部，领域的"地貌"会随时间的变迁发生巨大的改变。

　　如果一个社会内部流行的正义概念是以不对等地位的人之间的不平衡互惠为基础，且该社会成员之间的不平等是以他们在社会秩序中的定位或者地位为基础的，那么这种秩序或者领域的改变会使这个社会内部认可的正义概念发生变化。同理，如果一个社会的领域，或者说这个社会的成员共享的领域概念，和另一社会流行的概念区别巨大，我们就应该想到这两个社会的正义概念也是不同的。

　　正义概念的历史很大程度上来说是社会所信任的领域变化的历史。我们可以首先观察该历史是如何从其在有史记载的前半部分的开端通过由古美索不达米亚、以色列和希腊的前哲学概念转变到希腊哲学家作品中更系统的正义概念得到发展的。

柏拉图《理想国》一书中的目的论和教育

❖❖ 第 一 节 ❖❖

柏拉图的《理想国》一书是我们所知的第一部概要性政治哲学作品，在柏拉图作品多产的中期，创作于雅典。和柏拉图的其他作品一样，《理想国》是一部对话体著作。虽然参与对话的一方是柏拉图的导师苏格拉底，但是对话的时间却比苏格拉底成为柏拉图导师的时间要早好几十年，当时的柏拉图（公元前427—前347）还是个青少年，雅典也正处于与斯巴达旷日持久的战争中。《理想国》是一部令人震惊的作品，它在激进的政治秩序等级观念基础上刻画了与众不同的正义概念。

如我们所见，在希腊的古风时期的思想中，正义并没有荷马诗歌中和战士品质紧密相连的优秀性（美德或者卓越）来得重要，至少就个人品质而言确实如此。荷马价值体系中最突出的优秀性根植于对保护的需求。在缺乏中央集权政治权威或者缺少法治的家庭分散的社会里，一个人如果具备杰出战士的品质，比如强壮、灵敏和善用武器，他有能力为家庭带来安全感，他就也相应地会因这些品质受到高度的赞美。在后来的希腊文化中，战场上获胜需要的品质和优秀性之间的联系变得没有那么紧密。诗人赫西俄德的《工作与时日》一书的中心思想就是如何成为成功的农民，避免饥荒，获得丰收。这种优秀性的概念明显没有像早期英雄作品那样强烈强调军团主义。但是在上述两种情况下，优秀性本质上都并没有和正义联系起来，正义也未像优秀性一样被视为重要的人类品质之一。

这种价值体系变化的早期迹象出现在约公元前6世纪末诗人泰奥格尼斯的创作的对句中：

正义，所有美德（优秀性）的合体，
居尔努斯啊，如若众人正义，则众人皆良善。

亚里士多德后来认为这一陈述可被普遍接受，甚至可当作安抚性的格言。上述格言表达了泰奥格尼斯创作时期少数人持有的观点。作者似乎是在声明，正义不仅仅是一种必要，更是美德的充分条件，这和荷马的价值体系并不相容。城邦的发展改变了希腊社会的特征。当城邦里的居民达成并遵守协定，以此进行合作，且克制自己不伤害他人，城邦就很有可能繁荣，这些实践不可能轻易与用于赞扬杰出战士美德的价值体系保持一致。这观察结果特别适合于雅典，当时的雅典正发展成为主要的商业大国，民主政权实验的熔炉。作者似乎抓住了问题所在，相应地建议大幅修改当时主导希腊文化的将正义摆在希腊普遍道德观的中心价值观，为柏拉图对正义本质的延伸性思考创造了条件。

《理想国》表面上看是对话形式，但事实上大多数内容都是独白。在这独白中，苏格拉底详细概括了正义之人和正义之城邦的特征、每个人需要接受的教育和训练的类型、不正义（和低级的）灵魂和政体的主要类型。但是在进入这个论述之前，有几个初级的正义概念被提供给苏格拉底。富有的老者克法洛斯提出了这个话题，并传达给他的儿子玻勒马霍斯。他们父子在玻勒马霍斯的家中进行交谈，克法洛斯交代玻勒马霍斯将他零碎的想法完善成完整的正义概念。智者色拉叙马库斯（一个游历讲解"智慧"、辩论模式和普遍教育话题的专业老师）后来提出了另一种观念，这种观念被理解为反驳了正义这种事物的存在。最终，在卷二的开篇（传统来说《理想国》被划分为十卷，虽然可能是后来的一位希腊学者进行划分的，而非柏拉图本人），柏拉图的兄弟格劳孔和阿德曼托斯概述了更详细的正义理论，并挑战苏格拉底，让苏格拉底试图证明他们的理论是错误的。这个粗略的正义理论成为苏格拉底自己理论发展的踏脚板。

《理想国》的研究者有时候认为正义的最初概念是"公共道德"的体现，表示这些概念只是对普通公众坚持的正义的常识性观念的明确陈述。这说法并没有错，但忽视了柏拉图对那些观点的解释的巧妙之处。柏拉图借玻勒马霍斯之口进行解释，在对话中，他告知我们他利用了公元前6世纪末5世纪初希腊杰出诗人西蒙尼德斯的学术权威。根据这个观点，"正义……存在的意义在于还给人们所应得的东西"。在苏格拉底的追问下，玻勒马霍斯解释说，"朋友之间的义务就是授予彼此利益，无论怎样都不伤害对方"，而"敌人之间适合给予的的东西……即是罪恶"。总而言之，被苏格拉底称为"技艺"的正义等同于施益于朋友，施害于敌人。苏格拉底的一些深入探讨引出了以下的交流：

和平时期，你认为出于什么需求会认为正义有用？

是契约，苏格拉底。

那么你说的契约是合作伙伴还是其他的关系？

当然是伙伴。

在苏格拉底对玻勒马霍斯的观点进行某些深挖细究的批判后，色拉叙马库斯大力介入，声称"正义除了是强者的优势，什么都不是"。色拉叙马库斯详细解释道，他的意思是每个城邦里的强者和统治者依仗他们自己的优势制定律法，并宣称这些律法是正义的；认为那些违背他们的人目无法纪，行为不正义，需要接受惩罚。但是玻勒马霍斯观点的基础似乎至少是基本的公平观念。色拉叙马库斯的解释则暗示正义与公平完全无关。"正义"只是人们用来掩饰或模糊建立社会所需的权力关系的鲜明边界。

现在来看看格劳孔如何在卷二中挑战苏格拉底口中所谓的正义：

人们说做不正义之事本质是利，但遭遇不正义是害，但是通常害往往总大于利。人们既会尝到做不正义之事的甜头，又会尝到遭受不正义的害处。于是，人们订立契约：既不要得不正义之害，也不要吃不正义之亏。他们把守法践约叫合法的、正义的。这就是正义的起源。正义的本质是最好的与最坏的折中——所谓最好，就是行不正义之事却不受罚；所谓最坏，就是遭受不正义却无法进行报复。

格劳孔继续表示，人类有一普遍特性就是想要尽可能地获取或者拥有更多，从而超越别人。如果不加限制，这种特性会破坏合作，造成无休止的冲突。因此，正义就是人类意图用来限制人类的自然天性的发明，如果对此天性放任不管，将会导致彻底的社会失和。

格劳孔的解释综合了玻勒马霍斯及色拉叙马库斯的一些

观点。格劳孔解释将正义描绘成正如色拉叙马库斯所说的完全的人造物，但是这个人造物不是强者强加给弱者的，而是源自一份协议。这个解释保留了玻勒马霍斯解释中正义和公平之间的联系。事实上，格劳孔的正义理论有三点值得注意。首先，格劳孔的解释假设人类主要被提升自己切实利益的渴望所驱动。卷一和卷二中提到的另一初步的正义概念也有相同的观察结果，虽然克法洛斯引入正义话题时是在讨论他身体死后他的灵魂要面临的命运。其次，格劳孔的解释具体说明了平等地位的人们之间的关系。被这个解释当作正义基础的律法和协议是拥有少量或中等权力（至少在权力上大致平等）的人们之间的协议产物，所以想让具有突出权力的人坚持这个协议是不切实际的。最后，格劳孔的解释（和玻勒马霍斯的解释）的中心思想是平衡互惠。玻勒马霍斯的解释强调利益回报利益，伤害报复伤害。格劳孔的解释则强调这个协议的相互性，不要彼此伤害。格劳孔的正义理念发展锐化了玻勒马霍斯解释中的直觉，但并未脱离潜在的平衡互惠主题。

苏格拉底在《理想国》中大量陈述的正义理论显著地不同于格劳孔对于相同内容的所有看法。苏格拉底争论说，和正义相关的利益不是日常生活中经常激励人们的大众利益，而是我们追求的最终利益。正义主要的目的是培养秩序，在这种秩序下，理据和智慧绝对超越人类的冲动和情感。进一步说，苏格拉底认为人们本质上最极度的不平等可能不是权力的不平等，而是自我管理和管理别人时所需的重要品质的不平等。所以，在正义理念适用于人类关系的范围内，它本质上适用于地位不对等的人之间的关系。最后，苏格拉底对平衡互惠没有表现出多少兴趣，除非是将平衡互惠作为衬托来发展自己的理念。他认为人类之间的正义关系是地位不平等的人之间命令与顺从的关系。为了实现正义，这些关系必须对所有人有利，意思是说使这些人的灵魂进一步符合正义规定的排序。但是这些关系并不是相互的，除非扩展一般意义上对于相互的理解。

➤➤ 第 二 节 ➤➤

其实我们早就注意到，从在《理想国》卷一和卷二中讲述初步的正义概念到在后来的作品中大篇幅地借苏格拉底之口发展鲜明的正义理论，柏拉图实际上已经改变最初的话题。这个发现有时会被当作批判柏拉图的理据。但是，柏拉图暗示了一个观点，即最初的这些概念存在错误，以至于改变话题是唯一能够确定正确的正义理念的途径。

玻勒马霍斯试图解释正义时，苏格拉底对其有所响应，且其在卷一中提到的早期理论特征就暗藏在此响应之中。玻勒马霍斯的论点是正义需要做对朋友有利，对敌人不利的事。这个论点激发了长期在希腊思想中占据重要位置的英雄式的行为准则，但苏格拉底坚持认为这不能作为正义之人伤害别人的依据。所以强加伤害并不正义。我们通常认为正义是好事，施加伤害是坏事，所以苏格拉底的观念可能看起来非常平淡无奇又无伤大雅。但事实上并不是。玻勒马霍斯和格劳孔所支持的平衡互惠观念长期以来被认为是正义思考的基础，它涉及善行回馈善行和伤害报复伤害两方面。而苏格拉底否认了这个标准模式至少一半的内容。

柏拉图各种变着法地间接性强调他在《理想国》开篇中描绘的初步正义概念和他后来借苏格拉底之口发展的正义理论存在分歧。比如，苏格拉底断定伤害别人无论如何都是不正义的，柏拉图则指出，"如果有人固执己见地认为西蒙尼斯、拜厄斯或者巴塔库斯等任何其他智者或文人"曾经是持有对立观点的，那么他和玻勒马霍斯，"他们双方将会站在同一战线"。要注意，柏拉图关注的是西蒙尼斯和其他受尊敬的权威人士的观点，而不是关于他们真正表达的内容。上述提议预示着他后来的一些建议，即审查诗人，最终将诗人从他设想的理想型正义城邦中驱逐出去，它传递的信息是文学素材或者其他受尊敬的权威塑造的实践推理存在缺陷，是虚假的。《理想国》的对话也清楚地表示，在苏格拉底和色拉叙马库斯的交流中，他们的观点存在分歧。正如色拉叙马库斯设想人类的兴趣是获得超越别人的优势，他的兴趣则在于赢得争论，在演讲尾声获得足够高的分数，赢得胜利。相反，认为人们最终会追求自己的最高利益的苏格拉底感兴趣的是发现正义的真相。随着争论的进行，色拉叙马库斯迫不得已地被强行拖进苏格拉底的逻辑，最终只能口头上赞同那些他并不想接受的观点。他们不同的理论方式象征着他们不同的正义概念。

当对初步正义概念的阐述接近尾声，格劳孔和阿德曼图又双双挑战苏格拉底。格劳孔描述了正义的起源和本质，看苏格拉底是否有能力反驳。阿德曼图坚持让苏格拉底解释为什么人们要追求正义。苏格拉底接受了挑战，并将两者紧密联系起来。

首先，苏格拉底区分了个人正义和社会正义，并首先对后者进行研究。他的假设是"小众"的个人和"大众"的社会之间具有相似性，所以对于后者正义的研究有助于回答关于个人正义的问题。第二步，他假设地重塑了社会起源，假定这么做可能观察到正义与不正义的形成（正如在思维实验中能"观察"到的那样）。

然后苏格拉底继续描绘能满足人类需求的城邦的构成元素。这个基本的城邦包括农民、建筑师、编织工、修鞋匠、批发商、零售商和劳工。但格劳孔却指出，这样的城邦虽然健全，却只能为给社会成员提供日常所需。因此，苏格拉底扩充他的研究，将城邦成员扩展到猎人、艺术家、诗人和医生（这样的城邦通常被称为"金属之城"）；因为扩大后的城邦比原来的基本城邦需要更多的土地，这样奢华的城邦也就需要战斗的人，即是"守卫"，他们的责任是获取领土，守卫领土，并保卫城邦不受挑衅者的侵犯。最后，在扩展性地讨论完"守卫"
应该接受的训练和教育，即物理训练强身健体，音乐和诗歌丰富
灵魂之后，苏格拉底总结道，一个完整的城邦还应需要另一阶级
的人，即统治者。根据这一阶级的人对城邦作出的贡献，他们和
守卫阶级不同，他们应受额外的教育，比如数学和其他学科，
但最终的教育是哲学。最后，我们就见证了理想城邦Kallipolis
的形成，它包含3个主要阶级：首先是统治团体，这些人特殊
地投身于城邦的利益，接受高等教育，尤其是至少在假设的
Kallipolis中苏格拉底认为能让统治最全面最真实的哲学教育。
这个阶级包含本来意义上的守卫，或者说是哲人－统治者。第二
阶级就是战士，他们为城邦而战，后来也被称之为"守卫"。苏
格拉底为了区别第一阶级中的成员，将这里的"守卫"标签成
"辅助者"。最后一个阶级包括农民、手艺匠、商人和为城邦成
员提供需求和需要的服务人员。苏格拉底把这些人称作商业阶级
或者赚钱阶级。

　　在讨论进行的早期，苏格拉底发现不同人与生俱来不同的
才能，这在某种程度上关系到苏格拉底对城邦的正义的研究：

　　当你蠢蠢欲辩时，我自我提醒，首先，每个人生来与其同
伴不同，从本质到天赋均存在差异。一个人对某事极具天赋，
另一人对另一事具有天资。你同意吗？
　　我当然同意。

那么，一个人何时会更成功？是追求多种职业之时还是专注于一种职业之时？

格劳孔回答，专注一种职业之时。

那么，我认为若不在正确的时间做某事，这事终将一文不值，这也是很明显的。

是的。

我认为，事业并不是从业者的休闲项目，而是必须担负的责任，是首要考虑。

必须的。

因此，我们得出的结论是，当每个人放弃其他事业，遵循本质，在合适的时间只做一件事，那么会生产出及其丰富的高质量的商品，生产也更容易。

毫无疑问。

"在适当的时间只做一件事"这个观点比它首次出现时更加意义丰富。后来，苏格拉底在他关于城邦起源的描述中说道：

我们不允许鞋匠同时尝试农民或者编织工或者建筑者的工作，是为了鞋匠能更好地完成他们的本职工作。我们会按类似的方法分配给每个工作者天生适合他的任务，对于他而言，如果他放弃其他工作，余生都只专注他与生俱来的工作能力，不让自己的机会溜走，他就很有可能获得成功。

柏拉图关于城邦职能分配的观点与亚当·史密斯的劳动分工观点不同。一个手艺匠应该一辈子只做一件事情，不能尝试其他的生产工作，这种说法和史密斯捍卫的"自然自由体系"完全不同，也和史密斯时代开始大多数经济学家拥护的市场规则不符。不同于史密斯和其他现代思想家，柏拉图似乎相信人们生来具有不可改变的显著能力。对他而言，一个有序的城邦可以迫使其他居民培养这些与众不同的能力，阻止他们在从事其他的工作中浪费精力。

柏拉图的Kallipolis正义概念会反射这个说法并不奇怪。概述了城邦的主要部分后，苏格拉底返回去分析城邦的起源，即定位城市正义。苏格拉底争论说，如果他描绘的城邦是完美的，那么这个城邦会展现四种美德，既是智慧、勇气、自我节制和正义。苏格拉底表明，如果我们能够找到前三种美德的定位，就可能通过排除法找到第四种美德。如他简述的守卫或者哲学家-统治者拥有智慧，所以，即使这个阶级只有少数人，如果他们能英明统治，就可认为这个城邦拥有良好的判断力和智慧。勇气则是针对"辅助阶级"的；如果"战士"进行本应该进行的训练，这个城邦就拥有勇气。不同于智慧和勇气，自我节制针对的是整个城邦，尽管在不同成员身上表现的形式有所不同。统治者拥有"简单的节制的欲望，这些欲望当然与智慧和正确的观点相协调，受理据管理"，"一般大众的欲望受少数贵族的欲望和智慧控制"。苏格拉底争论说，正义就是剩余的因素，它使其他美德在城邦中发扬光大。这些美德发扬光大后，每个人每个阶级都会投入自己的工作，不会干涉其他阶级的工作，不用忍受其他阶级的干涉，所以正义由每个阶级（在赚钱阶级中，就是每一技艺）做自己的事而不干涉其他人构成。当后面紧跟着必要的"阻止个人侵吞他人所有物和防止自我财产不被剥夺"以及当一个人（或者一个阶级）的"所有财产"主要指的是人们根据个人固定不变的自然能力所分配到的对应的不论是农民、手艺匠、商人、战士、哲学家还是统治者的功能时，柏拉图式的正义得以保证。

总结了城邦正义的本质后，苏格拉底回到个人正义的问题。他认为就和城邦一样，个人的灵魂也分为三部分。这个时代的希腊思想的灵魂概念比之后基督教的灵魂观点涉及更广。尽管《理想国》卷四描写了不朽灵魂的观点，但此时这个观点还未成立。第一部分是理性，是人类获取知识和智慧的基础能力。第二部分是怒气的源头，是勇气的基础，也是获得成功、荣誉和尊敬的动力基础，是灵魂比较激烈的部分。第三部分是人体欲望的核心，比如必要的饥饿和口渴，和不必要的沉溺和欢愉。

苏格拉底将灵魂的每一部分对应联系到城邦的每一阶级。属于农民、手艺匠、商人和服务人员这个阶级的人主要被欲望驱使。灵魂的辅助部分则由激烈部分主导。统治者或者哲学家这一团体对应的则是灵魂的理性部分。此外，这些部分之间的正当自然关系和城邦三个阶级之间的正当关系相似。正常来说，理性部分应调节欲望和冲动，统治全局。虽然灵魂的这些部分经常相持不下，对此苏格拉底更多提到的是"灵魂的内战"，但在一个有序的灵魂里，激烈部分比起跟其他部分的关系，更多是和理性部分相关，如此才能使整体处于平衡状态。有序灵魂这一理念的提出是苏格拉底探究中的顶峰：

　　现实中，正义正是这类观点。但是，这个观点似乎和个人行为的外在表现并无关系，反而和内在表现相关，涉及人们自身及其责任的真相。因此，正义之人不会允许灵魂的任何一部分插手另一部分的工作或者默许其众多能力互相干涉，而是有序地安排每一部分，成为自身的主人，为自己执法，和自己和平相处，和谐地囊括就像音乐的中、高、低三个音阶的三个部分，不管其他如何干涉。当他将所有元素绑在一起，合众为一就是有节制的完美和谐本质，如此武装后，他才会有进一步的行为……

➤➤ 第 三 节 ➤➤

　　从开始的犹豫踌躇到最后的有理有据，苏格拉底在一个从《理想国》一书的开卷到结尾逐渐展开的论点中解释说，他理想中的城邦正义和个人正义只有统治者追求一系列严谨的我可能称之为文化净化或者教化且无须经被统治者的同意愿意自行采取正义法规时才会实现。如我们所见，当苏格拉底论断不管西摩尼得斯（或者其他所谓的智者）要表达的是什么，都不应该把正义的实施难免对人们造成伤害这样的观点归咎于西摩尼得斯时，教化现象就已经开始。他认为，既然正义不能规避伤害，那么把"施加伤害"这样的观点归咎于高声望的思想家既令人费解，又无事于补。

苏格拉底逐步阐述文化净化的情况。他声称荷马、赫西俄德和其他诗人都存在一些错误的论断，这些论断就教育守卫而言都必须被审查。他解释说，有些类型的谬误是有用的，因为它们能净化听众的心灵：它们以故事的形式传达一些潜在的真理，虽然故事本身并不是真正意义上的真理。这些谬误应得到鼓励，其中著名的是苏格拉底试图借来说服生活在正义城邦中的居民，他们在不同金属混合而成的地球上接受教育；每个阶层都拥有与其相对应的金属属性的"金属说"。他提议应该将用悲剧赞扬暴政和民主这两种最糟糕的政治体制的作家从正义城邦中驱逐出去。最后，苏格拉底总结说，只有歌颂神的圣诗和赞扬好人的颂词这类言辞在正义城邦才是被允许的，因为其他的类型（包括荷马的诗歌）呼吁和滋养灵魂的低级部分，动摇灵魂的高级理性部分。总而言之，只有通过审查来控制正义城邦的文化，才能真正地引领民众走向最终的真理。柏拉图认为，这些事实真相全都具有价值，弄清真理也就是把握事物的正确价值。如此一来，柏拉图关于真理的概念和我们所认为的对事实的精确陈述就不会被混淆。

高压政治是统治者装备中必要的工具，或者至少只一个正义城邦的建设者的装备中的必要工具，此外还有教化。当然，对于所有形式的政治制度而言，有一项高压政权因素是共通的。对比现代民主社会普遍接受的正确的高压政治使用理念而非对比柏拉图那个时代的实践，柏拉图关于高压政治正确使用的看法令人震惊。在关于正义城邦建设的讨论中，苏格拉底表明：

真正的哲学家，不论一个或多个，都应该处于城邦命令者的位置……将正义当作最重要最有必要的事，使自身投入其中……将大于10岁的居民转移到城镇中；不让孩子受到流行常规的影响，这些孩子的父母也遵从这种做法；从而使这些被接手的孩子会依照真正的哲学家礼仪和原则成长。

将所有成年人从城邦中驱逐出去，使得苏格拉底或者说其他有权力的哲学家，能自由地组织少数能够进行塑造的男女，使他们成为能够完全象征正义的个体，这些个体极度自控，个体内部保持和谐。他或者他们也能塑造城邦的文化、思维和常规，从而和作为地位不对等的人之间的命令和顺从关系的正义理念保持一致，这就是柏拉图设想的正义城邦中人们之间正确的关系。

　　理想型正义城邦以一个和谐的有序整体的形式包含三个阶级，在这个城邦中，多数人的欲望根据少数人（哲学家）的智慧被审查，这个论点相当于是对柏拉图时期希腊熟知的主要政治团体形式的尖锐批判。雅典在公元前5世纪成为希腊世界商业主导国，也是民主体系的试验国。无须大幅想象也能知道《理想国》中描绘的第三个阶级（农民、手艺匠、商人和服务人员）在柏拉图的早年深深扎根于雅典人民的实际生活。柏拉图不反对生产和贸易，甚至（可能）不反对服务性职业。但是他确实不赞成这样一种政体，在这种政体中，投身于上述活动的人，以及灵魂被欲望引导的人，在发号施令。同理，柏拉图讨论战士或者"辅助者"解决时充满对斯巴达军权的影射。而《理想国》中设定的对话背景正是雅典和盟军的交战时期。在评估斯巴达的价值和民族精神以及雅典的民主价值时，柏拉图更倾向于前者，但是《理想国》清楚地表明，想要实现柏拉图所设想的正义政权，斯巴达政权仍有不足之处。正如他尖锐地刻画无区别对待时所说，他认为变化无常是民主政权的特征，任何时候，若有人被军事事业的魅力所吸引，他将直接成为一个战士；若他崇拜成功的经济家，他将从事赚钱行业。总而言之，他的行为不受命令或律法的影响，他可继续过着他所谓的惬意、自由、幸福的生活。

　　方向感的缺失和柏拉图在此的误导与柏拉图在哲学－统治家假说中所表达的智慧和目的性形成强烈的反差。

柏拉图的灵魂三重论甚至比他的正义城邦三重论更接近他目的的核心。除了将灵魂的每一部分对应联系理想城邦的每一阶级，即欲望对应金钱阶级，激烈部分对应战士阶级，理性部分对应哲人－统治者阶级，在卷八和卷九中，柏拉图还将灵魂比较低级的两个部分，即激烈部分和欲望部分，和一系列低级的政治政权类型联系。他将自己的理想城邦标签为"贵族"（最佳统治），为相似的品行高尚政权预留"王国"的标签，实现向贵族转变。他进一步描绘四个政权，即荣誉制、寡头制、民主制和僭主制，并为每个政权摹绘其独有的特征。灵魂的激进部分主导荣誉制城邦统治者的灵魂，这些统治者的动力是追求荣誉和好声誉。必需的欲望统治寡头制政权统治者的灵魂。而无益的欲望支配民主制和僭主制政权统治者的灵魂。柏拉图一直大篇幅奚落这些统治者的反复无常，无目的性或误导性，在卷八中更多地讨论民主制，然后在几乎整个卷九中讨论所有政权中最糟糕的一种政权，即僭主制。

⤖ 第 四 节 ⬰

从柏拉图的阐述中走出来并将其阐述放置于他作为传承者的希腊文化背景之下，可能会发现他的灵魂理论构成对希腊文化数代以来流行的规范和理念的批判。细心的读者不可能会忽视柏拉图描绘的民主制的政治特性，或者有见识的读者会将这种描绘和柏拉图青年时期盛行的雅典民主相联系。他描述为民主人的那些被不良欲望驱使，甚至被奴役的不负责任的人是根据他对生活在公元前4世纪和5世纪其商业利益主导雅典政治的那些人的看法描绘的。

但是，柏拉图尤其尖锐批判的对象涉及更深度更广阔的一个领域。该对象是荷马和其他诗人与戏剧家宣传和赞美的英雄式典范，这个典范基本的典型是人物阿喀琉斯，即《伊利亚特》故事中的核心人物。尽管希腊英雄文学作品的研究者们不愿将任何灵魂概念归功于荷马，但是这面临着风险，即我们可能认为作为两大重要部分的阿喀琉斯及其同时期英雄的灵魂是不合潮流的。如同其他人，这些英雄拥有他们感觉被动去满足的欲望。当阿喀琉斯要求将布里塞伊斯作为战利品赏赐给他，他这么做主要就是为了满足自身的欲望。过后，布里塞伊斯才成为他和阿伽门农那场著名争论中的焦点，在那场争论中，其他动机开始起作用。然而，和其他人的灵魂不同，英雄们的灵魂被获得别人的显著认可的欲望所主导。若是条件允许，这种认可将使他们的名字被世世代代铭记。这种欲望在柏拉图的分类中属于灵魂激烈部分的特征。当然，希腊文学中的英雄人物也有演算和推论的能力。最明显的一个例子就是奥德修斯，《奥德赛》[1]描述的显示出他的心计的可怕经历至少和他在战

---

[1]《奥德赛》（*Odyssey*）：古希腊最重要的两部史诗之一（另一部是《伊利亚特》，统称《荷马史诗》）。《奥德赛》延续了《伊利亚特》的故事情节，相传为盲诗人荷马所作。

场上展现的力量或者技能一样值得关注。但是在希腊英雄文学中，推论的压倒性的目的是追求卓越。推论并不等同于灵魂的某一独特部分，它有鲜明的动机性特性。事实上，如果有人要扩展柏拉图的个人用词，他可能会想说希腊英雄文学促成了灵魂的"二重"划分（目前我们只能将灵魂概念归于这种文学）：所有人具备的主导性的欲望部分，和主导最受尊敬的最英勇的人物的灵魂的激烈部分。

灵魂概念，或者说"灵魂"概念出现之前的表达灵魂的方式，加强了荷马价值体系中优秀性的卓越性，是柏拉图批判的主要目标。从一定意义上来说，柏拉图的正义概念是对早期正义概念的改进。优秀性是在杰出个人身上全面展现的理想特性。随着城邦、商业活动和有序政治机构的发展，这种理想特性开始在希腊评估体系中给一系列的规则让路，这些规则的目的是规范人们用来调节追求和利益的权利和交易。这些规则，即在公元前4世纪和公元前5世纪在雅典制定的正义规则，为柏拉图构想《理想国》开篇中的初步正义概念提供了素材。尽管优秀性的典范只关注杰出的个人，但正义理念平等地适用于所有人。柏拉图明确地将关注点从规范所有人行为的规则均等地转移到人格特性典范，即动因性价值概念，该概念的核心是能够成为典范的少数杰出人物。

但是，在此过程中，柏拉图提议对这些价值内容进行基本的改变。《理想国》寻求用哲人-英雄的典范替换战士英雄的典

范，前者在柏拉图的有序灵魂三重论中有所描写，后者的主要
特征可以从灵魂的二重论中捕捉到，三重论中刺激和主导灵魂
的是理性部分，二重论中主导灵魂的是对荣誉的强烈追求。这
个理论是柏拉图正义概念的核心，关注点更多地在于少数拥有
能追求最终真理的内在能力的个人对最终真理的追求，而非世
俗的现实行为。如苏格拉底在卷九末尾所言，"聪明之人为此
目的投入所有的生活精力，他致敬能够使他的灵魂牢记住这些
美德之研究，轻视其他研究"。即使世界上并不存在为教育哲
学人物而成型的城邦，且将来也不会存在，但是对能够哲学地
生活的人而言，对这种城邦的想象是实实在在的理想。

至少，那里可能存在他渴望成为之典范，注视这个典范，
他将发现心中早已成型的城邦模样。但是，重要的不是这个国
度是否存在于某个地方或者是否将继续存在；而是他将遵循该
城邦的礼仪而非其他礼仪规范自我行为。

柏拉图的正义概念和希腊文化以及其他文化的正义理念
对比鲜明。首先，惩罚概念是早正义概念中的核心，但在柏拉
图理论中并无立足之地。如我们所见，柏拉图并没有规避表示
在高压政治应在正义中使用。但他设想的高压政治并非用于惩
罚或者报复。高压政治的目的是创造和保持一种正义的秩序，
一个柏拉图构想的同时作为自然事物和人类建设的产物的领域

（因为缺少人为的努力，它是不可能形成的）。对《理想国》中的柏拉图而言，正义是一种技艺。柏拉图对比正义状态和健康状态，比较通过不同技艺（包括医生和雕刻家的技艺）进行统治。在城邦和灵魂中实现正义就如同实现身体健康，关于实现正义的手段则是要考虑的问题。目的是帮助建设正义的领域，最终以任何最适合实现此目标的方法改善人物的品质。这种情况下，由于这些手段必须是强制的，所以它们更像政治家制定条文的强权和阻止暴力冲突的举措，而非进行惩罚时武力的使用。由于涉及文化净化，所以它们与老师提升学生个性及美德时采取的措施一样。但是，最适合与柏拉图的哲人统治者进行对比的是必须用痛苦手段治疗病人或者恢复病人健康的医生。柏拉图的正义概念是一种旨在提升教育对象的严格教育，而非仅仅意在执行规则的行为控制。

柏拉图的正义概念也因没有表现出任何对社会正义的兴趣而引人注目。如我们所见，尽管我们可能会在古代理念中发现社会正义概念的一个基本的前身，但是那个概念和现代熟知的社会正义概念存在巨大区别。在古代世界里，社会正义的目的是保护弱势群体，而并非实现社会平等。但柏拉图却不关注弱势群体。他建议为他的城邦中的一部分人废除私有家庭和私有制机构，这部分人需要接受训练成为城邦的守卫，哲人-统治者阶级也从这部分人中产生。这些建议通常被当作是现代社会民主或者社会主义理念出现的征兆；狭义上讲，这些建议重视柏拉图理念和现代性机制理念之间的相似性，这点并没有错。但是柏拉图提出这些建议的意图几乎直接反驳了现代理念。

柏拉图独特的正义概念与在他理论之前或者之后被广泛传达的正义理念之间最重要的不同在于，后者是基于正义的主要目的是提供调节人类世俗利益的框架这样一个假设，而柏拉图的概念则追求更超然的目标。对柏拉图而言，正义的目标是在城邦中，最重要的是在灵魂中建立和正义理想形式相符的秩序。这种理想形式规定一种等级制度，该制度下的哲学智慧和判断力严苛地统治（严格自我调节的）个人和城邦整体（所有人）所有其他的人类冲动和能力。根据普遍的概念，即柏拉图为克法洛斯、玻勒马霍斯、色拉叙马库斯和格劳孔等人讲述的最初观点的不同变体，正义的主题是规范权利和交易，更通俗一点来说，是规范人类的世俗利益。正因如此，克法洛斯认为正义事关避免诈骗和欺骗；玻勒马霍斯争议说正义有益于合作关系的形成和维持；色拉叙马库斯声称正义理念只是在掩盖其他赤裸裸的个人利益追求；而格劳孔则将正义与律法制定和契约性协议的制定相联系。虽然这些初级概念彼此之间区别巨大，但是它们都假设正义的主要主题是对世俗利益的追求，而正义概念的主要目的是清楚地表达这些追求的框架。对比这个观点，柏拉图则认为正义的主要目标是追求终极信念。柏拉图只是借用正义这个词指明国家和有天赋的人应该追求的神圣而自然的秩序。他提出的扎根于国家和哲人的正义概念与扎根于城邦的神的正义观点关系密切。

❋⟫ 第五节 ⟪❋

如我们所见，柏拉图之前的古代正义理念主要有两个从现代角度来看值得关注的特征：专注于惩罚及乐意支持决定社会领域并被不熟悉其他生活方式的居民所普遍接受的权力、地位和财富等级制度。这些特征在古希腊英雄文学中和古代世界其他文化的叙述和律法作品中都极其突出。

公元前5世纪，雅典发展为商业大国，并开始开展民主政权试验，由此形成的一系列理念，磨灭了思考正义长期存在的特性。社会的领域，即社会强者和弱者的定位及用于调节不同成员之间关系的社会规范是自然的这个观点被一种替代性观点削弱，即社会协议是人们发明和规矩所不可避免的产物。公元前5世纪，有思想的雅典人和更多的古代作家都赞成这样一种假定，即思考正义最主要的目的是帮助确立一个规范人类世俗利益追求的框架。但是这些雅典人比那些作家更不愿接受不平等性和等级关系是正常的，也是自然的这个看法。尽管权力、地位和财富的区分一直存在，但是它们更常被认为是人类社会协议的产物，而非人类社会协议的构想。对于正义的思考牵引出平衡互惠理念，正义概念开始被认为主要或者唯一适用于地位对等的人之间的关系。地位对等的个人之间的契约性关系在正义思考中占据大量篇幅，取代了不对等个体和团体之间的等级关系。虽然在有些例子中，不平衡互惠被认为也是正义应该采取的恰当形式，但是平衡互惠被认定是正义的范本，是一条基线，脱离了这条基线，就必须由特定理据判定正当性。

在这样的环境下，柏拉图精炼初级正义概念，即他用来开展自己独特正义理论的踏脚板。他的正义理论完全改变了他从雅典先人和与他同时期的同伴那里接收的观点。对比这些思想家，柏拉图对于世俗利益只是匆匆一瞥。对柏拉图而言，正义的主要目标是培育正确的有序灵魂，其次是建设和维持一个有序的城邦，而这城邦的目的也是培养正确的有序灵魂。最重要的是，这种城邦并非基于地位对等的人之间的契约性关系，而是能力和美德不对等的人之间的等级关系。同理，如果互惠互利概念，无论是平衡互惠概念还是不平衡互惠概念，在柏拉图版本中的正义城邦占据一席之地，该地位也并不重要。作为柏拉图概念的核心，人类之间的正义关系是地位不对等的人之间的命令与顺从关系。只有当这些关系有益于所有的利益体，这些关系才被视为正义的，但是断然不是互惠互利关系。

柏拉图重新设想的正义牵涉两方面的重大创新，每个方面在后来正义理念的动态中都举足轻重。首先，柏拉图的理论实际上放弃了将互惠互利观念作为思考正义时的关键。早期的思想家普遍认为正义是地位对等的人之间的平衡互惠，是权力、地位和/或者财富不对等的人之间的不平衡互惠。而对柏拉图而言，正义的关键形式是有序灵魂的不同部分之间的等级关系，是城邦中具有不同天赋的人们之间的阶级关系。这种关系被赋予一些诗的破格，能以一种似乎是对早期正义概念的延续的方式被描述成不平衡互惠形式极度夸张的表现。但事实上，在柏拉图的概念里，这种关系完全不是建立在互惠互利基础上。在他的设想中，正义关系的象征就是命令与顺从，而非互惠交换，哪怕是不对等的互惠交换。虽然有关正义的早期作品总是限定一些地位平等的人之间的平衡互惠理念适用的空间，但是柏拉图对平衡互惠并不感兴趣，对任何意义上的互惠互利完全没有真正的兴趣。这是因为不同于古代或者与柏拉图同时期的人们的观点，柏拉图的正义理论坚持不懈地关注公认的更高的目标。柏拉图理论的目的是使这个世界，至少是和该理论相符的这个城邦，和能理解这个理论的个人，与规定的目标调谐；从这个角度讲，这就是目的论。

其次，柏拉图的理论帮助传播这样一种理念：社会领域本身会受到监督和批判，这种监督和批判根植于正义概念。从极大程度上来说，古代思想家已经假设现存的社会领域能为判断正义提供充足的基础，那是因为他们相信或者我们认为他们相信该领域是自然的，最重要的是他们不能或者不愿意设想该领域有替代物。从属于该领域中的个人和团体的指定权利和义务被当作是可接受的判断正义的基础，因为没有找到其他基础，主要是因为甚至没有可供选择的假设性基础。早在柏拉图开始以哲学家的身份写作之前，公元前5世纪的雅典智者和其他人就已经放弃这个传统的假设。他们认为被视为标准的雅典机制和其他城邦都是人类为了自身便利而设计的。但是从长远来看，在传输，特别是在文艺复兴时期传输能够根据正义理念重新塑造社会领域这个观点方面，柏拉图的《理想国》比智者的作品更具影响力。

虽然柏拉图《理想国》在公元前4世纪在希腊完成后，其中的大量篇幅似乎在很长一段时间内广为流传，但是大多数内容最终在接近一千年的时间里不再流传，直至文艺复兴时期才被重新重视，并以书本的形式出版。我们只能推测，正义理念的发展进程使这部作品提前了好几个世纪就被用来进行广泛研究。据我们所了解，柏拉图对于正义的理解涉及社会整体领域的重新设想，其最终出现的形式对包括社会正义理念在内的现代正义思想具有重大影响，尽管这并非柏拉图的本意。

第三章
亚里士多德的正义理论

✦⟫ 第 一 节 ⟪✦

　　和柏拉图一样，亚里士多德（公元前384 — 前322）认为人们因显著不同的自然能力被区分，自然能力如此不同以至于有些人有资格进行统治或者参与统治，而其他人，即一般群众，适合被统治。对柏拉图和亚里士多德而言，这两类人群之间正确的关系是命令与顺从。根据亚里士多德的观点，被统治者包括很多不同的群体，比如女人、孩子和因知识能力限制而天生适合做奴隶的人。但是亚里士多德并不认为正义的主要主题在于地位不对等的人之间的关系。在亚里士多德的理论中，正义概念最先适用于地位相对平等且自由的人之间的关系，而这些关系在《理想国》的论点中起到的作用很微小。

　　亚里士多德的正义论最主要的参考来自他创作的《政治学》

的姐妹篇《尼各马可伦理学》的第五卷。《尼各马可伦理学》是对优质人类生活本质的探寻，特别是对这种本质中不可或缺的美德的探究。亚里士多德的正义理论就隐藏在这个大框架之下。

在刚开始解释时，亚里士多德费力地区分"完全"（普遍）正义和"部分"（特殊）正义。他说，某种程度上，"我们将为政治团体带来或者确保幸福或者一部分的幸福的事物称为正义。"从这个意义上讲，正义在与身边事物的关系中即为"绝对的美德或者优秀性"。亚里士多德再次引用诗人赛奥格尼斯的一句话，"正义是所有美德的合集"。完全正义，则是品质的价值，是人类在与他人的关系中展现的美德，因为与别人互动可提高生活品质，为政治团体的成员创造幸福。

反之，部分正义与个人收到的利益和需要承受的责任份额有关。在部分正义涉及的所有利益中，亚里士多德特别提及荣誉、有形商品和安全。虽然他更加调强利益而非责任，但是部分正义也关乎个人需承担的责任和伤害的份额。在部分程度上，当一个人收到不公平的利益或者承担不公平的责任，不正义就会出现。

亚里士多德作出开始讨论不同正义之间的区别的决定，正是他如何理解哲学的典型例子，而他的理解方法不同于柏拉图。在《理想国》中，柏拉图坚持认为正义必须也只能是一件事情，且永远是同一件事情，具有同样的内容。因此柏拉图对正义的研究由驳斥和排除推进，通过展现正义不是什么从而得出它是什么这样一个意义明确的观点。相反，亚里士多德接受正义可能是多种不同的事情，特别是正义可能通过受到不同的方式被发现，且每一种方式都可能包含重要的真理。

亚里士多德完全正义的观点很广泛，大致和现代英语中的正确观一致，指代能够指导人们作出正确行为的品质，宽泛一点来说，无论这行为是否涉及公平或者是否以其他的方式作出优良的判断。相反，他的部分正义则相对比较狭义，大致和英语中普通的正义或者公平的概念一致。虽然在他关于美德的解释中，完全正义的观点很重要，但是《尼各马可伦理学》卷五的中心主题是部分正义，是完全正义的一部分：是关于公平的那一部分。因此，我应该跟随亚里士多德的脚步，在这一章节关注部分正义，即和广义的公正主题不同我们现下所说的"正义"。但是记住，亚里士多德的讨论提供的大背景是由完全正义理念提供的，且亚里士多德定义的完全正义参考了政治团体成员的优质生活理念。为了简化，我通常就把这个话题称为"正义"，放弃更为冗长的"部分正义"。

在讨论亚里士多德的正义观点时，通常会紧随他自己的阐述顺序展开。在完成完全正义和部分正义的区分并宣称有意关注部分正义后，亚里士多德下一步就是区分部分正义的两种形式，即分配型正义和惩治型正义。之后他继续讨论一些额外的话题：正义和互惠互利之间的关系、政治视角下的正义以及其他一些内容。大多数评论者的注意力在于亚里士多德的分配型正义和惩治正义，把余下的其他话题当作附属品，无视后来的这些讨论占据了他整个解释的三分之二篇幅。这导致了很多古怪的困难，特别是在如何看待亚里士多德对于正义和互惠互利的讨论上。很多亚里士多德的解读者总结说这个讨论是不恰当的。也有人认为这个讨论明显不合时宜且偏离主题，可能更适合被置于他处，而非在对正义的讨论上。

事实上，从个人份额的公平性角度讲，亚里士多德关于正义和互惠互利关系的讨论是他整个正义理论的支柱。当所有正义理念面临没落、流失和受限，他的（部分）正义理念被拴在互惠互利概念这个固定的点上。在思考分配型正义和惩治型正义之前，让我们先花一点时间理解亚里士多德观点里互惠互利概念的基本特征。

亚里士多德通过指出"因为毕达哥拉斯[1]将正义绝对定义为互惠互利，所以有些人就认为互惠互利是缺乏深层限制的正义"来开始他对于互惠互利与正义之间的关系的讨论。亚里士多德立马接着表明，对于正义的这种理解并不正确，因为很多情况下，互惠互利和正义并不统一。举个例子，如果一个普通市民袭击警察或者其他当值的政府官员，一旦这个官员还手，正义无法发挥作用。如果一个平民在官员履行职务时被打，而平民又还手的话，正义也无法实现。亚里士多德的观点似乎在

---

[1] 毕达哥拉斯：古希腊数学家、哲学家。

于，当各利益体之间的关系是等级关系或者在某些方面不对等时，正义就不会采取互惠互利的形式。或者更精确一点来说，就不是采取（我认为的）受到多少利益或者遭受多少伤害就归还等价值的利益或者伤害的平衡互惠形式。

很多读者可能会就此总结说亚里士多德对毕达哥拉斯所认为的正义与互惠互利之间的关系的反驳就是相关话题的全部，他唯一留给读者的结论就是正义不在互惠互利范围之内。但是这个结论和正文并不一致。上述讨论结束后，亚里士多德紧接着在如何构想"绝对"正义的开篇内容中给出了下述评论：

在基于互相交换的关系中，团结的纽带就是这类正义，即按比例分配而非算术平等分配的互惠互利。实际上，将城邦团结成一体的就是按比例分配的报酬。人们要么追求以恶制恶，不然他们以为自己降格成为奴隶；要么追求以德报德，不然就不会存在将人们团结在一起的相互奉献。

让我们详细地思考这关键性的论述。亚里士多德想在这个选段中传递什么观点呢？

首先，在亚里士多德将正义与比例型互惠互利而非与（他断言的）毕达哥拉斯的作为算术平等价值的交换的互惠互利概念相联系。换句话说，如果交换的事物和各利益体在交换中体现的价值、功劳和贡献成比例，那么这种交换就是正义的。如果涉及的利益体绝对对等，那么进行交换时，当交换的利益具有同等价值，公正得以实现。在这种情况下，这两个利益体之间的正义关系即为平衡互惠的一种。如果与利益体交易相关的价值并不对等，那么当按照所涉利益体不同价值的比例进行利益交换，正义得以实现。这种情况下，利益体之间的正义关系即是不平衡互惠的一种，不平衡程度由各自价值之间的对比决定。正义很大程度上是互惠互利问题，但是这种互惠互利不一定是（亚里士多德认为的）"算术"型或者平衡型互惠互利。

其次，亚里士多德在此的关注点是人们出于交换才与他人相互联系的集体。如今，对亚里士多德而言，政治团体之间对亚里士多德而言是名副其实的基于能使政治团体的成员变得富有和作为集体得到自我满足的相互交换的联盟。联盟由生而自由且和别人的关系相对对等的人组成，至少在这些人当中，没人天生有权力命令他人执行自己的要求。那些至少和政治团体的组成成员相比是相对不对等的人，比如妇女、孩子和奴隶，不归入亚里士多德的基于比例型互惠的正义体制。如我们所见，在一定意义上，自由成年男性与亚里士多德概念中天生相对弱势的人之间的关系可以用正义或者不正义来描述，但是核心的且绝对的正义概念只适用于地位相对对等的人之间的比例型互惠互利关系。

对亚里士多德而言，正义理念，即关乎个人份额公平的那种正义理念主要涉及从没人天生有权力命令他人的意义上来说是自由且地位对等的人之间的关系。这个理念关注个人接受的份额，同时包括荣誉、有形商品和安全等利益的份额以及负担或者伤害的份额。这个任何充分的正义理论都会与之有联系的概念就是互惠互利概念。

❀ 第二节 ❀

亚里士多德将正义——每个人所获得的份额公平公正——分为两种形式，即分配型正义和惩治型正义。这两种形式以互惠互利概念的两种不同变体为基础。我们首先看一下分配型正义。

亚里士多德通过下述段落介绍分配型正义话题：

分配型正义涉及团体成员之间荣誉、财产和任何其他东西的分配。在这种情况下，人们可能接受和别人对等或者不对等的份额。

这句话关系到两个重要的因素。首先，虽然亚里士多德最先感兴趣的是政治团体背景下的正义分析，但是政治团体并不是唯一基于地位相对对等的人进行的互相交换的联盟。分配型正义概念适用于任何这样的联盟，不仅仅是政治团体。其次，被解读成"平等"或者"不平等"的词其实是同等或者不同等，在一些文本中被翻译成"公平"或者"不公平"。所以亚里士多德似乎实际上要说的是一个人可能会分配到与其邻居一样公平或者不公平的份额，这里的公平不一定就是同等的份额。

亚里士多德用一个简单的例子解释分配型正义观点。他指出正义至少涉及四点，即两个人和两个份额。分配型正义通过"一人对一人，一份对一份"（达成，换句话说，当我们讨论的事物比例和人的比例是一样时，分配型正义得以达成。如果两个人对等，那么作为分配型正义，他们的份额应该是对等的。如果两个人不对等，那么他们不对等的正义份额与他们之间的不对等成比例。（记住，在亚里士多德的观点里，和分配型正义相关的所有人从没人可以命令其他人的意义上来讲是相对对等的。尽管如此，这些相对对等可能会且经常会在价值或者功劳上不对等。）

亚里士多德就如何判断人们是否对等仅作出了最抽象的解释。他争辩道，虽然没有统一的标准判断功劳，但所有人都认可由功劳（或者价值）决定分配型正义。民主者声称这个标准是自由的出身；寡头制论者道为财富，有时为出身；而贵族政治论者则称为美德或是优秀性。

在亚里士多德的这个讨论中，他并没有尝试确立功劳的不同标准，而是把这个任务留到他思想后期重要的作品《政治学》中。在《尼各马可伦理学》卷五中，他仅仅提供思考分配型正义的一个大致框架。

　　但是亚里士多德并没有完全不提正义分配的基础。在声称"涉及公共财富分配时，正义总是由上述比例决定"后，他继而发现：

　　如果进行公共财产分配，那么分配应与成员所作的贡献成比例，打破该比例即为与正义相反的不正义。

　　亚里士多德在此表明，至少在涉及资金的情况下，分配型正义理论明确地指向共同事业的参与者应获得与他们对那个事业所作的贡献等比例的利益。

　　尽管亚里士多德清楚地意识到分配型正义理念可适用于很多类型的共同事业，但是对他而言，最重要的事业类型就是政治联盟。形成政治联盟的主要人群是出于追求自我满足和获得良好生活而分享共同生活的人。只要作出不同的必要贡献，便可实现这些关系的结果。有形商品即为贡献的一种，提供服务则是另一种。但是，人类的繁荣源自其对一系列活动的参与，包括类似交友的活动，而政治联盟的目标只有当经济贡献和一系列非经济贡献共同发生时才能实现。

　　因此有理由推断，由于政治团体的目标可通过不同种类的贡献达成，那么关于团体功劳基础的不同意见归根到底是政治团体为共同事业作出的不同种类贡献的比较价值的不同。正如亚里士多德在正义与互惠互利关系这个章节所述，他意识到很难就不同种类物品的价值量化地做出有意义的比较。在生产不同物品的人们之间进行的交换中，可引进金钱解决这个困难。金钱实现了用单一标准衡量不同物品价值的可能性。也正因如此，在涉及资金分配的情况下，有可能从分配型正义理论中得出一个清楚的结论。但是对一个拒绝用金钱进行评估的政治团体而言，没有现存的共同标准可以衡量对这个团体所作的贡献。这可能就是"对等的人拥有不对等的物品或者不对等的人拥有对等的物品将导致争斗和抱怨"的原因。没有共同的标准判断具有争议的主张，这种矛盾就可能无可避免。

亚里士多德的分配型正义理念似乎是被（大致上）声明人们获得和他们对共同事业的贡献等价值比例的奖励是正义的这个后来被称为贡献原则的版本所加强。虽然并非全部，但是仍有一些支持这个原则的19世纪杰出人物，包括英国哲学家社会学家赫伯特·斯宾塞[1]，似乎认为所有贡献能以金钱量化，而无限制的自由市场体系是实现这个贡献原则的最佳途径。我们所认为归属于亚里士多德的这个贡献原则版本和这个以市场为基础的贡献概念所涉及的是完全不同的领域。确实，亚里士多德理论中有一点相对比较重要，即缺少用于比较不同贡献价值的

---

[1] 赫伯特·斯宾塞（Herbert Spencer）：英国哲学家、社会学家。他为人所共知的就是"社会达尔文主义之父"，所提出一套的学说把进化理论适者生存应用在社会学上尤其是教育及阶级斗争。

共同标准，这个一目了然的贡献原则将不会给出与其原理一样清楚明白的实践性指示，只有通过政治手段才能清楚地得到这样的指示。

尽管如此，在对亚里士多德的分配型正义理论最合理的解读中，定位点是这个相对广阔的视角而非小范围的经济视角构建贡献概念的贡献原则。

⤜⤛ 第 三 节 ⤜⤛

让我们来看亚里士多德对惩治型正义的解释。正如亚里士多德本身认为的那样，惩治型正义适用于两种类型的私人交易。第一类是自愿交易，是指所有利益体自愿加入的交易。亚里士多德就此列举了经济领域的例子：比如买卖、有息或无息资金借贷、出租、担保及信托基金存款。第二类由非自愿交易组成。现代英语中我们通常将自愿交换称为"交易"，但是对亚里士多德而言，两人或者多人之间有关利益或者伤害传递的任何互动行为都是可采取正义原则的交易。

非自愿交易有两类。在亚里士多德的解释中，一类涉及私下活动，比如偷窃、通奸、毒杀、暗杀、拉皮条以及怂恿奴隶逃脱奴役和做假证等等。另一类涉及暴力，比如袭击、关押、谋杀、抢劫、伤害他人身体和言语中伤或者诽谤等等。

在结束分配型正义的讨论后，亚里士多德紧接着对惩治型正义的解释，他说"另一种正义类型就是惩治型正义"。亚里士多德的这一说法，即分配型正义和惩治型正义，以及早期对正义形式的两种（有且仅有两种）划分，似乎误导了亚里士多德的读者。而且这一说法可能是很多读者将该章节中后来占据大量篇幅的讨论当作亚里士多德关键的正义论点的一系列附属话题的主要原因。事实上，在解释交易中的惩治型正义时，亚里士多德首先假设存在正义的交易。只有当某些事情被扭曲时，才会需要惩治交易。当亚里士多德关注分配型正义和惩治型正义时，他联想到有一类正义会被代理人的自我意识行为所影响：在分配型正义的情况下，代理人是指负责分配荣誉、物质产品和安全等的人；而在惩治型正义的情况下，则是判官或者公断人。在后一种情况下，只有当被惩罚的交易出现不正义，出于正义的考虑才会需要代理人的自我意识行为。

首先我们应思考惩治型正义与自愿交易的关系。为了抓住亚里士多德对这种正义概念的理解，我们首先必须理解亚里士多德在正义与互惠互利关系这个章节中总结的正义的交易这个理念。所以我们必须从（上述第一节所讨论的）他的观点里，即正义"无条件"地包含比例型互惠互利，挖掘出更深层的东西。

虽然亚里士多德解释的微妙之处已经超出本书范围，但从他观点中得出的广泛结论足够清楚明了。亚里士多德举例说明他关于比例型互惠交换的观点：比如一个建筑者用房子和鞋匠交换鞋子，比如医生和农民之间的交换，再比如鞋匠和农民之间的交换。为了平等公平，任何这些配对的交换都必须成比例。特别是亚里士多德争论说，比例型互惠互利可以通过"鞋匠的产品对农民的产品，农民对鞋匠"这种模式达成。亚里士多德认为，比较不同领域或者贸易的生产者从某些方面来讲是不平等的，因为这"并非在比较同一团体中的两个医生，而是在比较医生和农民，一般来说，这两者彼此不同，且彼此地位不对等"。同理，亚里士多德似乎认为产品天生具有价值，而共同货币可作为媒介用于比较完全不同的产品的价值。

假设存在可用于比较不同领域的生产者的标准，并且这个标准能够衡量建设者的价值；再假设建设者的价值是鞋匠的两倍。记住，在亚里士多德的观点里，建设者、农民和鞋匠是相对平等的，从人生而平等且不受他人命令这个角度讲，他们自由且平等。根据亚里士多德的模式，如果建设者以房子与鞋匠交换鞋子，当鞋子的固有价值是房子的固有价值的两倍，则以鞋换房这种交换视为公平。此时建设者和鞋匠之间的关系（2∶1）和给定的鞋子和房子（2∶1）之间的关系是一致的。

亚里士多德并未解释如何判定建设者和鞋匠的相对价值，也未说明贸易人或者职业人之间的配对基础。但是有理由认为，他可能思考过判定的基础是职业人和贸易人对政治团体成员接触到的所有物品和服务所作的贡献。假设上述例子中的建设者比鞋匠多产，产值是鞋匠的两倍，那么建设者的多产性造就了他比鞋匠更高的价值。这也能解释为什么当鞋匠给建设者的鞋子在价值上是建设者给鞋匠的房子的两倍时，这种交换被视为正义。建设者所作贡献的价值是所有物品的两倍，所以建设者接收的物品价值是鞋匠的两倍，这便是正义。个人认为，这就是亚里士多德所谓的"根据比例不同而非算数平等所决定的互惠互利"。在本文中，比例型互惠互利是贡献原则的一种形式，这种形式下的贡献概念可进行广泛解读，并且这个贡献原则似乎能加强亚里士多德的分配型正义理论。

现在让我们回到亚里士多德对于交易中惩治型正义的解释，惩治型正义出现的前提是交易中出现不正义，违背了亚里士多德提出的交换中的比例型互惠互利原则。惩治型正义的主要特征是它是建立在亚里士多德认为的"算术"平等之上，而非比例平等之上。不同于为团结政治共同体的相互交换奠定基础的正义和分配型正义，在惩治型正义中，利益体对整个政治共同体所作贡献的相对价值无法明确惩治型正义的构成。"好人欺骗坏人和坏人欺骗好人并无区别。无论是好人还是坏人，一旦犯下通奸罪，性质都一样"。欺骗他人的行为就如同将一条线分成不对等的两段，较长那段代表犯罪者，较短那段代表受害者。无论利益体的角色是什么或者他们作出何种贡献，法官惩治不正义行为时采取的措施就是将犯罪者获取的多余部分重新归还给受害者。

在亚里士多德的假设中，在确定利益体进行不正义交易之前所拥有的财富时，已经将这场争议中当事人的价值（由他们对共同事业所作贡献的价值决定）考虑在内。那么在裁定争议时再次考虑这一点则是对正义的一种曲解。惩治型正义的前提是每个利益体在不正义交易之前拥有同等的份额。公断人或者法官的目标应是恢复不正义交易之前利益体之间的平衡。法官的目标就是剥夺不属于受益者的不公平所得，并将其重新分配给受损害者。正如我在本书前面章节所述，亚里士多德自愿交易和惩治型正义关系理论的基础原则是基于平衡互惠概念的原则。

现在我们可以返回到亚里士多德的惩治型正义和非自愿交易关系理念。很多学者表示亚里士多德在他的正义论中并未谈及惩罚和惩罚性正义，在不少学者看来，这点很奇怪，至少也是严重的疏漏。实际上，奇怪之处就在于这个观点的起源能够追溯到广泛使用的1926年版的《尼各马克伦理学》或者更早，但在如今却和当时一样被广泛传播。不解的根源就在于，犯罪和侵权行为的现代区分在亚里士多德生活的社会中并不存在，但却倾向于把这种区别强加到亚里士多德的作品中，这是不合时宜的。很明显，虽然亚里士多德很少举例充实他的惩罚性正义理念，但是讨论比例型互惠互利（部分正义思想的基础）和惩治型正义时，亚里士多德确实联想到了惩罚性正义。被理解成"互惠互利"的词后来被解读成交换的正义，字面的意思就是自食其果，更接近于惩罚性正义中著名的互惠互利规则，即"以眼还眼、以牙还牙"。在开始讨论作为互惠互利的正义时，亚里士多德制定了拉达曼迪斯[1]规则，即"若个人因其所作所为而遭受惩罚，则正义得以伸张"，但是他并不支持毕达哥拉斯对这条规则的解读。亚里士多德争论说，简单点来说就是如果普通人袭击政府官员，平衡互惠并不足以作为正义的规则，他似乎在表明对这个人施加一定形式的惩罚是正义的。在下面经常会提到的惩治型正义的讨论中，亚里士多德说道：

> 有人袭击，有人受袭，有人杀人，有人被杀，行为和惩罚不成比例，法官减少冒犯者的利益以尽力平衡利益和损失。

亚里士多德的这个理论揭示了正义以恢复犯罪之前的平衡回应罪恶。在亚里士多德的时代，这个观点长期主导着对惩罚性正义主题的思考。很明显，亚里士多德也并未忽视这个主题。

当自愿行为已经扭曲，才会需要惩罚，亚里士多德认为进行非自愿贸易之前，每个利益体拥有等量的相关物质。同样，他思考惩治型正义和非自愿交易的关系时，假设进行相关交易之前利益体之间的关系为正义的关系。亚里士多德认为不证自明的是偷窃、谋杀以及其他犯罪者强加伤害给不自愿或者无知

---

[1][1] 拉达曼迪斯（Rhadamanthys）：古希腊神话中欧罗巴公主和宙斯的儿子，与萨尔珀冬、米诺斯是兄弟，是第一代克里特岛国王。

受害者的行为都是不正义的。

非自愿交易涉及的惩治型正义是指"平等对待利益体，考虑是否有人强加不正义，是否有其他人遭受不正义"。如果冒犯者伤害或者杀害其他人，恢复这种平等或者平衡的方法就是让冒犯者受到同样的伤害。亚里士多德并没有为精确地确定应该强加给冒犯者的伤害类型或者程度提供准则。对他而言，重要的一点就是，如果犯罪者强加给受害者不正义的伤害，那么应对犯罪者施以相应的伤害，以此惩罚犯罪者，"不然受害者会认为自己降级成为奴隶"（这是上面的引用）。但是根据一般经验，亚里士多德建议强加给实施不正义伤害的罪犯的惩罚或者对其造成的损失应该在"算术"上和罪犯施加的伤害或者造成的损失成比例。

在所有亚里士多德关于非自愿交易中惩治型正义理论，即他的惩罚性正义理论的解读中，最有说服力的是他号召类似以眼还眼这样的事或者同态复仇法，或者更概括来说，就是平衡互惠。深藏于亚里士多德惩治型正义理论中的重要观点似乎根植于平衡互惠概念之中。

❖❖ 第 四 节 ❖❖

虽然正义概念适用于任何基于相互交换的相对对等的团体，但是正义最重要的核心还是政治共同体。

我们追求的不仅仅是绝对意义上的正义，还有政治正义，比如自由正义以及因就如何满足需求持有共同观点而生活在一起的（比例上或者算术上）对等的公民之间的正义。

亚里士多德将政治意义上的正义细分为两大类，即自然正义和人为正义。这种划分是令亚里士多德的解读者感到相当困惑的一部分。

亚里士多德的自然正义（或者说自然权利）最普遍的解读是把自然法则当作永恒不变的普遍正义标准的基督教斯多葛派观念和唯理论者的自然法则概念。从这个观点来看，亚里士多德理论就是早期，也可能是最早独立于特殊律法体系的正义概念构想，能够用来评价和批判，有时候是谴责，现存律法条文的不正义。

下面我们会发现，声称超越任何制定法特殊现有体系条文的理念在对亚里士多德的正义理念加以粉饰。但是，亚里士多德的自然正义观点并不是主要的指路明灯。对比斯多葛派观念和后来的自然法则，他的观点只能说是给出了一点点的提示。原因可从这个观点的两个特征中找到。

首先，亚里士多德不像包括一些同期希腊作者在内的其他作者，他在细分正义后，将自然正义归类到政治正义之下。如果这个观点的地位与斯多葛派的观点或者后来经常和它进行比较的观点的地位相似，那么对亚里士多德而言，将其描述成是独立于且一定程度上优先于政治角度的正义就更有意义。亚里士多德并没有这么做，这就表明他认为的自然正义并非意在发挥自然法则或者自然权利在后来的理念体系中所起到的作用。

第二，亚里士多德坚持认为自然正义会发生变化。诚然，自然正义和人为正义一样都会发生变化。这个说法长期以来是解读者的绊脚石。从托马斯·阿奎那开始，每个把亚里士多德当作是自然法则理论的先驱或者塑造者的人都有这种感受。这个说法和平常认为的自然法则概念永恒不变是不可调和的。

对于亚里士多德的与众不同最好的解读相对比较简单。人为的正义是指在缺少能够用来当作协议或规定的一系列规则的情况下，我们所忽视的事情。亚里士多德认为用选择何种动物（山羊或绵羊）作为祭品这个例子来比喻比较合适。还能以靠左或靠右行驶为例。无论是选择山羊还是绵羊作为祭品，都没有区别，这个选择和靠左或者靠右行驶的选择没什么不同。但是一旦达成协议，这种选择就会变成规矩，一旦打破这个规矩，就是不正义。这种情况下，规矩的实行决定是否正义。

相反，自然正义则是指即使缺少一系列约定好的规则，我们也不可能会置之不理的一些事情。即使没有律法条文禁止或者惩罚殴打或者谋杀行为，我们也不会漠视这些行为，这似乎是显而易见的事情。更通俗来讲，对人类繁荣有贡献的行为，为社会或者政治团体创造和维持幸福的行为，自然而然是正义的行为，而损害团体幸福的行为则天生是不正义的行为。但是，由于对政治共同体的维持和幸福有贡献的行为会因时间和情况的差异而有所不同，所以自然正义（不正义）是会变化的。另外，可能对亚里士多德而言，最重要的是每个特殊的政治共同体在某些方面和其他团体并不一样，对某个政治团体来说是对维持团体有贡献的行为对另一个政治团体来说并不是，所以对前者而言是正义的可能对后者而言并非正义。但是，特定时间或者特定情况下，对人类繁荣有贡献的行为相对比较明显。正如亚里士多德所说，除非是处于边缘地带，要区分自然不正义和人为不正义并不困难。

如果亚里士多德的自然法则概念的目的不是制定永恒不变的普遍正义标准，那他理论中是否存在其他选项，能够作为评估现存律法的正义或者不正义的标准？还是说因为亚里士多德的正义概念寄生于律法概念，所以对他而言的正义几乎等同律法？

《尼各马可伦理学》的一些选段表明结论是后一种，比如，卷五开篇后不久亚里士多德就说道"正义包括符合法制的公平之事，而不正义就是目无法纪、不公平"。几行之后，他说道，"很明显，所有律法从某些意义上讲都是正义的。因为律法源自立法，而立法的产物都是正义的"。所以，从这个角度讲，亚里士多德认为合法即为正义。

但是，他讨论的其他部分也清楚表明现实的制定法可能并不完美，甚至在很多场合中就是不正义的，从这个意义上讲，正义并不完全等同于律法正义。回顾一下，对亚里士多德而言，可以从多种不同的方面设想正义，每一方面都可能包含重要的真理。例如，亚里士多德发现律法凌驾所有东西之上，命令一些事情和禁止一些事情。明确建立的律法这么做是正义，临时形成的律法这么做却没有那么正当。在这里，他似乎明白，即使律法制造者心怀好意，但是真正的律法有时也存在缺陷。此外，亚里士多德指出，即使是具备最上乘框架的律法，在特殊场合中有时也并不完善。自然法则是指普遍接受的惯例或者命令，但是"总有一些情况下说不清楚何为普遍"。正因如此，当法官发现律法无法在特殊情况下发挥作用时，应该放弃严格基于律法得出的结论。"尽管公平的是正义的，但是该正义并非指律法正义，只是对律法正义的纠正"。

再者，亚里士多德写道：

人们相信，行为是否正义取决于人们本身，因此实现正义也很简单。但是我们不讨论这种情况……同样，人们假设……区分正义和不正义不需要特殊智慧，因为理解律法提供的这些情况并不困难。但是偶然情况下，律法规定的行为会和由正义指示的行为完全一致。为了实现正义，必须有所作为，必须采取特殊手段，而完成这些需要的知识比人们获得健康需要的知识更难获取。

在上述选段中，亚里士多德清楚表明，即使是最好的律法，向来也只是对正义的不完善表述。理解正义和不正义需要智慧，不仅仅局限于律法知识，因为律法并非天生正义，只有经过精雕细琢才会变得正义。

当政权缺失能支持"绝对"正义的关键属性，即自由且地位相对对等的人之间的共同生活，律法和正义之间就会出现最大的不一致。缺少这种正义和律法的基础，

政治正义并不存在，只是正义的假象。因为正义只存在于被律法统治的人们之间，而律法只存在于不正义出现的地方。

亚里士多德紧接着的言语清楚地表明他在此想到的是僭主制。僭主制政权能够制定律法，再通过律法进行统治。但是这些律法并不象征正义，因为律法不是自由且相对对等的人之间的关系产物。很明显，对亚里士多德而言，尽管从狭义上来讲，合法的就是正义的，但是正义和律法之间并不能严格等同。亚里士多德的政治团体理念是正义理论的一部分，特别是就互惠互利概念的角色而言，是他正义理论的核心。事实上，团体在亚里士多德对互惠互利的讨论中是基础的观点。他在互惠互利章节单独六次使用团体一词，清楚表示团体是互惠交换的主要目标之一。回顾一下他互惠互利讨论部分的内容：

在以相互交换为基础的关系中，团结城邦的正是这类比例型互惠互利的正义，而不是算术平等型互惠互利的正义，因为是互相贡献将人们团结起来。

他在《政治学》一书中涉及同样的观点：

组成独立机构的各个部分必须有所不同。所以如我在《尼各马可伦理学》中阐明的那样，互惠平等原则就相当于每个城邦的保护层；一个由自由且对等的人们组成的社会也有必要拥有这个原则。（《政治学》）

对亚里士多德而言，基于交易正义的交换行为重申团体为它的不同成员及成员的产品和服务设定的价值。互惠互利拥护的是能够团结团体的规范。同理，无论是已经扭曲的自愿交易还是非自愿交易中的惩治型行为，潜在规范的实施以及对正义和不正义行为的理解能够帮助维持对这关系纽带的控制。亚里士多德并未设想我们能够以永恒不变的自然法则为基础判断现存律法的正义或者不正义，因为他并不相信存在这种针对政治和法律事宜的法则。实际上，他似乎并不相信自然法则这个理念。但他确实相信互惠互利概念能为我们评价律法的正义或者不正义提供标准，因为每个城邦的安宁生活依靠的是互惠互利关系的维持。

❧❧ 第 五 节 ❧❧

　　亚里士多德的作品反复证实的是，在亚里士多德看来，正义概念首先适用于自由且地位相对对等的人之间的关系。他不断将这些关系和类别不对等的人之间的关系进行尖锐的对比。回忆一下，他在讨论绝对正义时关键的一点是："人们要么追求以恶制恶，不然他们会以为自己降格成为奴隶；要么追求以德报德，不然就不会存在相互奉献。"地位对等的人之间的健康关系根植于互惠互利的实践，这种实践培育相对对等的人之间的团体意识，而他们以不同的方式为他们的共同生活作贡献，以此区分彼此。亚里士多德认为这种互惠互利的实践能够团结政治团体。

　　亚里士多德的正义概念和组成健康政治关系的团体概念，与柏拉图在相同方面的理念完全相反。正如亚里士多德含蓄地批判了柏拉图通过他在开始讨论正义时对正义可能成为不同种类的事物的解释对正义必须是有且唯一的一件事的坚持，亚里士多德也因柏拉图争辩最好的政治共同体就是能尽可能团结的那一类而批判柏拉图。亚里士多德对柏拉图的这两个观点进行了详细的批判。相反，在《政治学》一书中，亚里士多德的论点是，"但是很明显，随着城邦的进步，城邦将不再局限于某个组织，甚至会停止以城邦的形式发展"。政治团体必须包含拥有不同能力的各类人，因为类别不同，所以人们必须通过互惠互利关系团结在一起，这些关系认可并强化团体的基本规范。

我们发现，除了批判柏拉图，亚里士多德还在他政治规则讨论中进行过类似的相关辩论。亚里士多德在总结柏拉图的观点后，详述道：

举个例子，最佳状况是鞋匠或者木匠一直保持着自己的身份，总是维持不变。在政治关系中也是如此，很明显，最佳状况是可行情况下，同一人成为永久的统治者。

但是回归到他自己的观点后，他说道：

然而，一方面认为正义的起源是所有市民的自然平等，一方面又认为正义需要不变的统治（无论是特权还是责任），这是不可能实现的，这种情况下，地位对等的人可进行交替统治和服从，尝试效仿原始差异的情况。如此一来，总有人处于统治地位，而其他人处于服从地位；但是某时期的统治者可能是另一时期的服从者，反之亦然，就如同他们改变了自己的真实人格。

互惠互利在亚里士多德的统治概念（统治和转而被与其对等的人统治）中和交易正义理论中起到关键作用。在这两种情况下，互惠互利在维持种类不同但是地位相对对等的人之间的团体方面起到关键作用。亚里士多德的观念是，在健康的政治团体，即真正的城邦中，共同的规范能够团结有共同利益的不同种类的人。

尽管亚里士多德将正义概念首先用在自由且地位相对对等的人之间的关系上，但是他却也同意柏拉图的观点，即健康的关系以命令和服从关系为基础。对亚里士多德而言，相对对等的人之间的互惠互利和类别不对等的人之间的等级制度是两种基础的人类关系类型。

地位对等的人之间的关系是亚里士多德正义理论的焦点，这是事实。但是亚里士多德还用正义概念，虽然是一定意义上的正义概念，来形容不同类别且地位不对等的人之间的关系，他认为这是自然的等级制度。"严格来说，对于个人自身拥有的东西并无不正义可言，"因为"奴隶和孩子达到一定的年纪并独立以后，他们拥有的东西就是自我的一部分……没人会故意选择伤害自己"（《尼各马可伦理学》）。在此，亚里士多德重申了他的中心主题，即从核心意义来讲，正义"依于律法，且仅存在于那些认为律法就是自然制度的人之间，也就是……那些进行平等统治和被统治的人"。但是有一点意义重大，即正义概念适用于作为一家之主的男性和家庭不同成员之间的关系。在这个家庭中，亚里士多德认为夫妻关系最接近于自由且相对对等的市民之间的互惠互利关系，虽然女性不如男性理性，但是对比孩子和那些因不够理性注定生来是奴隶的人来说，女性相当优秀。亚里士多德总结道，对奴隶主和对孩子父亲而言的正义，尽管与自由且相对对等的人之间的关系体现的正义不完全一致，但是相似。

比起奴隶和奴隶主之间的关系或者父亲和孩子之间的关系与自由且相对对等的人之间的关系存在的相似之处，亚里士多德更加详细地解释了前者与后者的区别。因此他设想的类别不对等的人之间的那种正义很大程度上只是一种猜想。他的主要论点似乎是类别不对等的人之间的关系存在类似正义的东西，因为在该关系中，强者不能在理智时对弱者施加伤害。

在亚里士多德关于正义一书（《尼各马可伦理学》卷五）的辩论陈词中，他将这种比拟扩展到个人理性和非理性部分之间的关系。他指出灵魂的某些部分可能摧毁其他部分的需求。亚里士多德发现，提及柏拉图时，有人会提到"这些部分相互之间可能存在一种正义，就像统治者和服从者之间的正义"。虽然他完全同意柏拉图的观点，认为灵魂的理性部分管理非理性部分是正确的，但是他提及柏拉图的正义概念的关键是为了再次从他导师的理论中分离出自己的理论。柏拉图首先将正义概念用于灵魂各个部分之间的等级关系，其次才是用于有资格统治别人的人和适合被统治的人之间的等级关系。柏拉图对地位对等的人之间的关系问题只是稍加关注，对通俗利益的主题没什么兴趣。尽管柏拉图认为正义的目标是获得智慧，但是他的正义概念的核心是描述正确的命令与服从关系。

亚里士多德的正义理论反转了柏拉图的重心。对亚里士多德而言，正义概念主要适用于自由且相对对等的人之间的关系和不同能力的人之间的关系，使这些人能够以不同的方式为政治团体作贡献。那个概念同样也适用于类别不对等的人之间的关系，但是范围有限；从不太受限或者更广泛的角度讲，也能适用于个人不同部分之间的关系。正义不是严格意义上的命令与顺从关系概念的核心，而是互惠互利概念的核心。

正如亚里士多德所述（《政治学》），对柏拉图而言，城邦是高度等级制，而不是军事体。柏拉图的正义概念反映的是对这个政治团体等级制的理解。对亚里士多德而言却相反，城邦是相对对等的人组成的一个团体，没有人能够生而施命于人，每个人都应参与统治和反过来被统治。亚里士多德的正义概念源自他对政治团体显著的独特理解，其基础是交易中的正义和分配型正义所体现的比例性互惠互利概念以及自愿或者非自愿交易下惩治型正义体现的平衡互惠概念。

从广义上讲，目的论在亚里士多德思想中所起的作用比在柏拉图思想中所起的作用更大。亚里士多德的哲学深受他早期生物学教育的影响。他熟知如何领导一个种群的个体成长为预先设定的形式，从而造就他如何理解包括政治在内的大量其他主题。然而，若将在互惠互利概念中发展的正义概念与像柏拉图之类的人提出的概念进行广义对比，柏拉图似乎更接近于目的论思想家，而亚里士多德则是提倡将互惠互利当作正义思考的适宜基础的人。上述比较的两种概念，前者是希腊哲学形成之前所有的重要正义理念，后者是分析正义如何关联目标或者典范实现的人提出的概念。亚里士多德清楚地表达了一个非常重要的新型正义理论，但他是在详细分析互惠互利概念后才这么做的，互惠互利概念在主要的正义理念（不包括柏拉图的理念）中起关键作用，即使在柏拉图思想中也起到关键的衬托作用。柏拉图的理论广泛地抨击了对正义的常规理解，而形成亚里士多德的理论相当大的一部分是构成正义的互惠互利知识。

亚里士多德在构想他理论的同时，也为后来西方历史上思考正义时流行的很多主要理念创造了条件。他发展了一个系统的关于分配型正义问题的思考框架，虽然只是一个大纲。在他之前，分配型正义这个主题极少受到关注。他透彻地分析了已经扭曲的自愿交易应该进行的纠正的条件以及惩罚性正义的基本原则。他对交易中的正义进行深刻的分析。所有这些理念的基础是最终被认知为贡献原则或者优点原则的互惠互利概念。数个世纪以来，这个原则一直强力地控制着当时的欧洲人的想象力。确实，这个原则至今还牢牢掌握着很多人的想象力，虽然事实是现代见解动摇了它的知识基础，特别是亚当的见解，即最好是将在采取劳动分工的社会中聚集的几乎所有的财富理解为社会的产物而非个人单独生产的产物的简单相加。在亚里士多德的理论中，我们能发现很多正义的主要概念、类型及理解，这种正义所刻画的是延续至今的西方理念。没有一个思想家会对我们关于正义的想法产生更深远的影响。

第四章

从自然到人为：从亚里士多德到霍布斯

亚里士多德的正义理论是伟大的成就，促进了正义理念的历史，今时今日在某些方面仍旧相当重要。但是对现在的有些人而言，亚里士多德理论基础的三大主要假设就跟装饰世界上伟大博物馆的希腊花瓶一样过时。首先，亚里士多德假设正义只存在于特殊的政治团体中。就他那个时代的希腊而言，这个政治团体就是城邦。他的作品只告诉我们正义概念适用于城邦之外的人们之间的关系，却完全没有表明能否或者是否应该适用于希腊社会以外的关系。其次，如同柏拉图及其之前的很多思想家，亚里士多德相信人类天生能力的多样性几乎是绝对的。他似乎也同意拥有绝对与众不同的能力的人应担任社会上截然不同的功能角色，这些角色具备独特的责任和头衔，在社会秩序中拥有不同且不对等的地位。最后，亚里士多德认为城邦和城邦的组成部分都是自然授予的，它们拥有鲜明的外形和特性。从这个意义上来讲，城邦是自然的。

从广泛意义上来讲，所有这些假设在亚里士多德时代及其之前的时代都普遍存在。巴比伦只在巴比伦人之间采用正义概念；希腊人只在希腊人之间，通常是特定城邦的希腊公民之间采用正义概念。古代法典和类似的文学作品都毫无疑问地认可权力、地位和财富的等级制度。除了智者是明显的例外，几乎所有的古代思想家都认为他们社会的基本轮廓由自然或非人类的代理人所规定的。

在亚里士多德结束极富成效的生活后的数个世纪里，每个假设都面临着挑战，而且最终至少有一部分脱离了它们在西方政治思想中的中心位置。在那些地方出现的这些假说彻底重塑了西方正义理念。

第一节

亚里士多德时代及其之前的时代都有一种普遍的倾向，即只有与具备政治或文化认可的人们之间的关系是受制于基于正义的准则的。例如在希伯来圣经中，据说是正义思想基础的律法被认为由古以色列人的上帝传递给古以色列人的，是建立上帝与古以色列人之间独特关系的协议的组成部分。协议的内容是以色列人同意遵从上帝的律法而上帝保证为他选定的子民创造一个修士的国度、一个纯净的国家。这些作品强调以色列人的特殊性，以色列人与其他民族的关系的特点就是欺骗、不信任和暴力冲突，无论如何，这都不符合正义标准。在古代希腊文学关于希腊人和非希腊人的关系的叙述中，并未涉及正义理念；同样，这些关系的典型标记就是不符合正义标准的欺骗和冲突。在公元前4世纪之前的作品中，正义理念只局限于拥有共同纽带的人之间的关系。

确实，《圣诗》在一定程度上暗示这样一种观点：以色列人的上帝的正义是普遍的正义，比如《圣诗》第103篇包含的以下句子：

上帝行为正直；

他为所有犯错者带来正义。

但是，这里的"所有"很明显并非指世界上的所有人。上述句子的意图更像是传递希伯来圣经中正义选段的一个主要主题思想，即正义全面适用于所有以色列人，包括弱者、受压迫者和强权者。

另一引人注目的选段来自《圣诗》第9篇：

上帝怒斥一声，永登王位；

他头戴王冠，登上判决的宝座；

他用正义判断世界；

尝试公平地对待所有民族。

毫无疑问，这个选段表明以色列人的上帝把正义分配给全世界的民族。但是在这之后却紧跟着以下内容：

> 你指责这些民族，打压不虔诚之人，
> 你抹杀他们毕生的名字，
> 永世摧毁敌人的据点，
> 你将他们的城市夷为废墟，令他们失去一切记忆。

这字里行间描述的"正义"，和以色列律法设想的人们之间关系的标准没有太多相似性，如我们所见，此处的正义是基于对等的人之间的平衡互惠和不对等的人之间的不平衡互惠。此处描绘的上帝的正义牵涉他对他的敌人的抹杀。此处形容的正义实际上是指对自称是全能的上帝的绝对服从。无论如何，这个正义观点适用于上帝和他创造的生物之间的关系，而非人们之间的关系。

乍一看，在亚里士多德的作品中，有一处暗示似乎是在反驳这样一个观点，即亚里士多德时代及其之前时代的正义理念只适用于享有政治或者文化纽带的人之间的关系。在《政治学》一书中，虽然亚里士多德在考虑最佳的构成方式是改善政治生活和行为的构成方式还是改善神圣生活的构成方式，但是他却发现有些国家蓄意地渴望对邻国实施专政。他以斯巴达和克里特为例，指出除斯巴达和克里特之外，"所有强大到足以征服别人的未开化民族都向军事力量致以最崇高的敬意"。接着，他批判了以下观点：

但是看上去却并不陌生的是政治家应能够不顾边界政权的感受实行自己统治和支配周边国家的统治计划……不对所作所为进行对错之分，怎会形成合法的统治？……但是一旦涉及政治，大多数人似乎相信统治才是真正的治国之道；当人们所做之事对别人而言是不正义或者甚至是不适宜之事时，人们并未感到羞耻。对于自己和与自己相关的事情，人们想要基于正义的权威，但是一旦涉及他人，他们却不再对正义感兴趣。

亚里士多德的观点提示我们，如果斯巴达和克里特政权的公民要求别人正义地对待他们，他们也应准备好等同正义地对待他人。亚里士多德将这样的政权与"未开化"民族联系，意在说明他们观点的落后和不充分。尽管亚里士多德没有说明国际正义理论，但是他确实清楚地表明正义概念可在完美展示正义的政治团体之外的范围使用。即使如此，我们也无法由此推断亚里士多德意在说明正义理念适用于希腊社会以外的范围，或者适用于希腊人和被希腊人称为"野蛮人"的非希腊人之间的关系，在亚里士多德看来，非希腊人无法进行理性思考，在智力上低希腊人一等。诚然，斯巴达和克里特是亚里士多德唯一关于专政的例子，他这么做是想表达他的发现只适用于希腊政权和希腊人之间的关系。对亚里士多德而言，似乎正义仍只是相对褊狭的一个理念。

从西斯昂的芝诺（约公元前490—约前436，希腊哲学家）开始，这个说法就在斯多葛派哲学家手中发生改变。芝诺是斯多葛派教条的创立者，可能在公元前322亚里士多德去世时才进入青春期。芝诺的《理想国》是第一部斯多葛派政治哲学作品，虽然并没有幸存于世，但是从哲学家论述集的选段中和对芝诺后来作品中的思想的参考引证中，我们能合理重建这部作品中的部分内容。这部作品似乎延续了柏拉图《理想国》中建立的政治哲学传统和模式，而且从斯巴达观点看，它最可能回答柏拉图所谓的最合适的城邦构成。芝诺相信城邦最完善的形式就是圣人的理想国。爱是这个政治体系最鲜明的元素。但是这种作为芝诺的理想国的特征的爱目的是为了超越本身。芝诺的推理似乎是：智者的爱最适合给予天生具备善的能力却还没有成为善者的人们。毫无疑问，在斯巴达背景下，芝诺认为爱人者和被爱者都是男性。如果爱人者成功帮助他爱的人发展美德，则他们之间合适的关系就不再是爱，而是友情。最终，芝诺的爱之城转变为由友谊和公民美德组成的城市。

芝诺发展的政治哲学包含鲜明的希腊政治关系类型，也就是城邦。但是他的理论逻辑并没有将他的观点限制于这种形式之下，而且他的斯多葛派主义跟随者很快便放弃了构建他的理论的特殊假设。对于很多这样的追随者而言，他们的任务就是保留芝诺观点中的团体和公民理念，排除所有意外状况，比如建立关于物理距离和相互熟知的一些观点。对于这些斯多葛派者而言，指示理性的个体什么应该做和什么不应该做的是正确的理由，而非政权。

西塞罗声称自己是柏拉图主义者，他和罗马的统治阶级逐渐支持斯多葛派主义理念，是上述观点的主要代言人。他的对话体书籍《论法律》创作于罗马帝国没落时期，是一部十分世界性的作品，涉及罗马帝国崛起时的普遍主张。在此对话中，西塞罗通过他的主要对话者马库斯（代表西塞罗本人）之口确立他的主题是"普遍正义和律法"，并清楚表明他的意图是超越大陆法，即特殊的罗马法。他认为在任何律法形成之前或者任何政权建立之前的亿万年里的最高律法中，正义是根深蒂固的；在自然，特别是人类本质中，也是根深蒂固的。

西塞罗强调"无论人类是何定义，均平等有效地适用于所有人"，事实上，"物种之间并无不同"。尤其是所有人类都有能力进行推理，他们通过推理得出推论，提出论点并开展讨论，这项发现适用于包括罗马人和野蛮人在内的每一个人，而对西塞罗而言，这就是人类和野兽的区别。

实际上，所有人都有能力进行推理并不代表他们会全面发展这种能力或者将这能力发展到相同程度。这项能力经过教育得以发展，但不同人接受的教育质量和教育程度存在巨大的不同。由于西塞罗认为美德发展的基础是推理的培养，所以如果接受不完善教育的人在推理上存在缺陷，那么在美德上也存在缺陷。尽管如此，西塞罗坚持认为"任何国家的人都能在指导者的帮助下获得美德"。所有人都有潜力成为善良的人，就如同他们有能力成为完全理性的生物一样。

根据西塞罗的观点，人类生来要彼此理解正义并将这种正义的理解分享给所有人。人类进行推理，从而理解正义规则。所有人都拥有推理能力，这种能力是天生的。因此，西塞罗总结道：正义为自然天生，普遍存在于人类之间。一方面，我们与全人类（并不仅仅是同胞）之间的关系受制于正义标准。换句话说，我们天生有责任做到正义地处理自身与他人的关系，无论是政治关系还是民族联系。反之，他人也一样有义务正义地对待我们。另一方面，无论人类的特殊机构和律法为何，只有一种正义，一套正义规则或规矩能平等适用于全人类。特殊法可能是观点或者常规的产物，但是正义却相反，正义深深扎根于自然。所以人类之间的正义具有普遍性。

这个结论暗示了思维上的巨大反转。对亚里士多德及其前辈而言，事实上对芝诺本人而言，正义理念只适用于存在特殊纽带的人类之间。正是这种引发思想家们的正义义务的纽带将城市或者国家的成员结团起来。当人类与之前并无关系的人们进行联系时，他们之间的关系就不再受制于正义标准。

对于西塞罗作品中包含的圣人国度的斯多葛派教条的修

正改变了上述理解。确实，西塞罗甚至之后的斯多葛派主义者保留了对于城邦理念的关键性比喻。西塞罗去世很长一段时间后，科瑞索托[1]发展了特别形象的"宇宙之城"版本，后来的斯多葛派论者传承了芝诺爱之城最初的理念。但是芝诺的爱之城明显具有局域性，而科瑞索托的城市却具有宇宙性。在科瑞开始第36次讨论时他就向我们讲述了一场远离希腊社会局限的探险。他到达了克里米亚半岛上的一个古老殖民地，即现在的第聂伯河，也是科瑞演讲之地。他的演说非常清楚地表明第聂伯河代表着希腊和野蛮世界之间的连接点，是不同文化的混合。第聂伯河特殊的地理位置和对第聂伯河的描述以讽刺的口吻传递着这样的信息：科瑞希望我们理解，他的"城市"从某方面来讲能够自由地连接任何特殊定位和文化。

实际上，西塞罗已经强调斯多葛派的城市概念的普遍性。他在《论法律》卷一末尾说道：

当他，即他自己，认知天堂、大陆、海洋和所有事物的本质，当他（可谓）理解引导和统治这些事物的上帝，且认为上帝并不像特定区域内的公民那样被人类城墙所限制，而是被当作是一座唯一的城市的整个世界的公民，那么从这个看法和这

---

[1] 科瑞索托（Dio Chrysostom）：公元 1 世纪罗马帝国的一位希腊雄辩家、作家、哲学家和历史学家。

种对自然的理解来说，他将经永恒的上帝认识他自己。

在最近的公元前1世纪，正义标准只适用于相对地域性的背景设定，即因一定的政治、文化或者其他特殊关系而进行联系的人们之间的关系，这样的观点在斯多葛派文化背景下发展成为另一种观点，即普遍正义适用于全人类之间的关系，或者对于一些作家而言，适用于所有理性生物之间的关系。

受些许罗马帝国时期的作品和运动的影响，正义概念能够或者应适用于全人类之间的关系这一说法在西方思想中占据重要地位。在这些作品中，最重要的便是后来的罗马律法作品，尤其是公元6世纪拜占庭[1]皇帝查士丁尼一世统治时汇编的《罗马法典》。《罗马法典》汇编了国家特定法与自然法之间的首要区别。国家特定法特指罗马本国的律法，由人类制定而成，而自然法很大程度上被认为如同西塞罗的设想，由直接推理得出，可普遍适用。数世纪以来，罗马律法一直被用于对比数个主要的野蛮律法条文，查士丁尼一世前一个世纪，西方罗马帝国崩坍，在此之后，罗马律法对于现实律法实践的影响开始减退。但是作为西方思想源头，罗马法在第二个千年的第一个世纪因《罗马法典》和其他罗马律法集合开始恢复其影响力。

---

[1] 拜占庭：拜占庭帝国（395年—1453年）即东罗马帝国，是欧洲最悠久的君主制国家。

该影响的首要渠道便是基督教堂，始于恺撒奥古斯都即位后第一个世纪的一场罗马帝国内部运动。基督教是首个伟大的福音教宗教，如罗马帝国本身所为，基督宗教寻求，也将继续寻求普遍的拥护。基督圣经，特别是《四福音书》的关键在于无论是犹太人还是异教徒抑或是多么低等之人，每个人都能够接受拿撒勒人耶稣所准许的圣灵。《四福音书》一次次地讲述耶稣如何"用精神能力进行武装"，并完成震惊所有见证者的英雄伟绩。此叙述中所使用的语言，比如选段中的"武装"和"能力"，不容轻视；因为这些词并非无关紧要的比喻。基督教义的真实普遍性也不应被忽视。虽然最终，基督教运动导致了大量等级教会机构的建立，但是这些机构继续传递着基本的基督信条，即无论人类是何出生或者是何地位，所有人均可公平地接受圣灵，遵从耶稣的劝导和指导，获得接受圣灵的能力。

最早就是从这里开始认为正义具有普遍性而非特殊性。这一观点一直传递至现代早期及现代的道德和政治哲学中。这个说法在自然法则及其近亲自然权利理论中起到关键作用。但是这个说法的影响并不局限于此。正义的内容由自然授予这一观点并不完全等同于普遍正义理念，但是这两个理念极为相近，且在一些思想中相互纠缠。包括18世纪及之后的功利主义者在内的很多思想家都完全放弃了自然法则和自然权利观念，虽然如此，但是他们认为正义理念的内容必须普遍适用于全人类。

现代道德和政治哲学普遍接受这个观点，但是并不意味着以前与之竞争的那些观点的失败。有影响力的现代哲学家捍卫的是人们之间重要的特殊关系决定正义的责任，若非所有，则为些许。即使如此，普遍正义理念的提出播下了一颗有潜力决然改变西方正义理念的种子。现今，我们面临的最重要的问题是这颗种子在未来是否会生长得比以前更加系统、更加成功。

➤➤ 第 二 节 ➤➤

人类拥有完全不同的能力，他们应根据这些能力在社会秩序中分配到不对等的不同功能角色，这个观点虽然并不普遍，但在古代早期思想中却广为流传。如我们在第二章所见，古代作品一致支持权力、地位和财富的等级制度，认为这是正义政治秩序的象征。早期的古代法典也认可这些等级制度，并描述了犯错者所承受的惩罚，该惩罚与他所造成的严重性直接等比例，却与犯罪者的地位相反。古代和律法无关的作品同样认可并接受人类在能力和地位方面各不相同。最值得注意的便是普遍接受奴隶制对正义没有任何影响。同样，在古代习俗和作品中，女性的基本地位比男性低。实际上，古代所有关于律法、政治和社会问题的作品都详细说明在有些情况下，正义是不平衡互惠关系的体现，这个观点与人类的能力和地位不对等这一假设有关。

亚里士多德全身心地支持上述假设，虽然他自己和后来的西塞罗一样认为人类应共同享有使用语言进行交流的能力。在《政治学》前几页中，他如此说道（以上序言部分引用过的选段）：

事实上，正如我们乐意宣称的那样，自然不可能无目的地创造万物。人类是唯一被赋予语言能力的动物，所以很明显，人类是政治性动物，比蜜蜂以及其他群居生物都要高级……

语言的目的……就是指出利弊，表明正义和不正义，所以区分人类和其他动物的一个特征就在于只有人们可以体会善良与邪恶、正义与非正义等。这是组建家庭或者城邦的基础原则。

此选段表明人类共同拥有人类独有的使用和理解语言的能力。然而亚里士多德争论说，虽然具有共同的特性，但是包括推理能力在内的其他人类特性的差异也很鲜明。实际上，正是因为这些差异如此引人注目，所以有些人天生注定被奴役，而其他人则拥有能力成为主人，这天生合理。

与一些古代法典和其他作品不同，亚里士多德的作品清楚地表明亚里士多德相信人类生来适合被奴役这个观点是经过检验的。在他开始讨论奴隶制时，他曾提到奴隶制度违反自然这一假说。但亚里士多德并不同意这一假说，他认为有一类人"至今只是理性的存在，即使自己没有逻辑，却能理解逻辑"，生而为奴这个设定的对象正是这类人。正如"灵魂统治身体为自然有益"，比奴隶更具理论能力的人们统治奴隶也属自然、正义、有益。确实，奴隶主和奴隶能力之间如此巨大的差别致使亚里士多德将其对比人类和非人动物之间的差别：

因此只要人们分属两个阶级，定然存在高低之分，如同身体对灵魂，野兽对人类。这决定了有些人的职能只能是物质服务，这些人没有能力将其他事情做得更好。这些人天生为奴，对他们而言，就如同对身体或者野兽而言，臣服的奴役生活于其有利。

亚里士多德发现并总结道："很明显，有一类人天生自由，而其他人生来为奴，对后者而言，奴隶制即是有益和正义的。"

在亚里士多德的作品中，奴隶与奴隶主之间的区别并非人类之间主要的自然不对等，亚里士多德再一次打破他导师柏拉图的观点，认为女性毫无例外生来不如（自由）男性理智。在之后的时代里，正义最具标志性的表述便是描述有一定地位但却受蒙骗的女人。这使我们回想起平衡互惠以及对正义问题中牵涉的人类之间的巨大不同的否认。但是在亚里士多德时期，那个时代还未到来。

最终，思想的演变逐渐削弱了以下假定：即人类能力区别巨大，因此应根据能力的不同分配不对等的不同功能角色。在该思想的演变过程中，斯多葛派思想起到关键作用，如同它在发展普遍正义理念时所起到的重要作用。亚里士多德和西塞罗都将推理能力和语言能力紧密联系。但是，亚里士多德承认有一类人既像其他人类一样拥有语言能力，又像其他非常接近人类的非人动物一样天生无法全面投入推理；但西塞罗却相反，他的论点是所有人生来就拥有共同的语言能力和平等的推理能力。实际上，西塞罗强调的是人类的推理能力程度并无明显的区别。

推理使我们站在优于野兽的高度，我们经推理得出推论、提出论点、反驳他人、实施讨论和列举。虽然人们拥有不同的知识，但是学习的能力是相同的，所有人都可以进行推理。任何事情都由感观抓取，经大脑形成印象。如我之前所述，对人类而言，理解的基本要素非常相似，语言是大脑的解读器，虽然表达的词汇不同，但是观点一致。

这个选段似乎是在支持人类平等享有推理能力，但是西塞罗并不否认奴隶制，虽然他似乎不认同人类的推理能力存在绝对的差异，但是他坚信人类的成果区别巨大，因此人们对命令的适从也区别巨大。在圣·奥古斯丁[1]作品保留的片段中，西塞

---

[1] 圣·奥古斯丁（St. Augustinus）：天主教圣师，古罗马帝国时期天主教思想家，欧洲中世纪天主教神学、教父哲学的重要代表人物。

罗说道：

> 我们难道没发现吗？最优秀之人生来有权统治自身，这便是对弱者最大的利益。可为何上帝统治人类，思想统治身体，理智统治欲望、怒气和其他的思维缺陷呢？

对西塞罗而言，"优秀"和"弱势"之间的不同足以判断奴隶制法中的命令和顺从关系。

亚里士多德有效类比上帝统治人类、思维（灵魂）统治身体和理智统治欲望，而西塞罗借助这个类比所支持的理论似乎与这位有影响力的希腊前辈的理论几乎无异。但是两位古代思想家之间仍存在微妙的不同。亚里士多德认为奴隶制天生取决于人类之间巨大的不同；而西塞罗认为这取决于思维或者决策上的强者与弱者之间的区别。在亚里士多德看来，这一系列为奴隶制提供自然基础的理念在介于亚里士多德生活的世纪和西塞罗生活的世纪之间的三个世纪里从未消失；而西塞罗则认为这些理论的发展虽然并未破坏奴隶制本身，却动摇了正义论的根基。

当罗马律法中的《罗马法典》在公元6世纪被收集，这场发展也迎来了关键的时刻。虽然罗马法典没有质疑奴隶制这个事实和奴隶制的合法性，但是至少干脆利落地反驳了奴隶制的天生存在。参考弗罗林的《机制》，罗马法典宣称："不同于自然律法，奴隶制是人为的'国家律法'体制，因此反自然之人会服从他人的主导。"

　　在西方，西方奴隶制很好地幸存至今如同，合法强制规定的女性的顺从地位，更简单来说，人们因彼此之间天生不同的能力获取不同的地位的这个更普遍的说法亦是如此。但这却埋下了怀疑的种子，对那些惯例的怀疑和对潜在假设的怀疑。

　　《罗马法典》和其他罗马律法思想的汇编以及基督教会的法律、惯例和机制将普遍正义理念从罗马帝国传至现代早期世界，同时也浇灌了那些怀疑的种子。虽然天主教会在几世纪后发展为大型的等级机构，但是该机构根深蒂固的信念仍旧是无论人类多么低等，所有人都能够接收圣灵，值得被上帝的关怀拯救。实际上，基督圣经表明，比起更容易受世俗诱惑侵蚀的富者和权势者，贫者和弱者更有可能受到上帝的关怀。根据马太《四福音书》，耶稣对自己的信徒说："骆驼穿过针眼比富人进入上帝的国度要容易得多。"从某种重要意义上来讲，基督教中关于每个人都能够接受耶稣许可的圣灵的教义体现了平等主义和普遍主义。

　　在全新的人类平等假说的种子灌溉过程中，基督的思想意识也在改变着平等与不平等论题的基础。亚里士多德和很多其他古代作家总结道，不同人应分配到不同的功能角色以及不对等的责任和权利，他们得出这个结论的基础是关于人们的不同能力的观点以及人类适合为彼此展现的不同职能。相反，基督教是超自然的宗教，它的重点仅仅在于人类与上帝之间的关系。如此说来，古代哲学家感兴趣的人类能力类型似乎并没有这么重要。实际上，基督教的思想家坚持改变论题的主题，从人类的不同能力转移到上帝眼中人类潜在的平等价值。

这种改变在现代早期以其足够的力度和广度开始瓦解自然不平等假说的基石。对比其他现代早期思想，托马斯·霍布斯的作品中尤为突出该瓦解造成的后果。霍布斯因其观点出名，他在其创作于17世纪的作品《利维坦》中说道，除非政权由"完全专制"的君主统治，否则没有一个政权可以享受永久的内部和平。观点本身并不新颖。霍布斯生活在专制主义时代，与他同时期的很多其他作家曾总结道，强大或者专制的统治者需要镇压自己国家中经常发生的骚乱和叛乱。比较与众不同的是霍布斯用来支持自身观点的论据。不像多数反对专政的人，霍布斯将完全个人主义假说作为其论据基础。他认为每个人的"天生权力"使他（她）"能够自由地使用自己的能力……他（她）自己也愿意用该能力保留住自我的天性，即自身生命，因此，可以去做在自我判断和推理下认为恰当的任何事情。"既然每个人生来无限自由，那么创造和保持绝对统治的唯一途径就是初生政权的所有人与其他人达成为绝对专制铺路的协议，同意放弃他或者她的部分自然初生权利。

由于政权中（或者如霍布斯所说的团体）的每个成员从一开始就拥有和其他成员同样的自然权利，所以霍布斯坚持认为只有当每个人都愿意承认他人与自己一样生而平等，他设想的契约性协议才有可能实现。霍布斯在构建这个理论时，将矛头直接指向亚里士多德：

> 我知道，亚里士多德为了自身的信条基建，在《政治学》卷一中，为某些人配上天生命令者的身份，这些人便是智慧的一方，比如他哲学里的他自己，却为其他人配上顺从者的身份，就是那些拥有强健体魄却像他一样是哲学家的人……

但是霍布斯说，这种亚里士多德派的理论：

> 反逻辑且反经验。因为蠢到不要自治反而愿意被别人统治的人少之又少。

由于团体或者政权建立的基础是所有成员的赞同，所以根据霍布斯的说法，每个成员必须接受别人和自己天生对等。如果没有这种认可，就不可能形成决定政治秩序和长久和平的协议。

霍布斯在此并没有直接争论政治平等或者社会平等。他的观点是政治和社会不平等并是人类律法和制度的产物，而并非其预想。每个人天生拥有和别人对等的权利，所以为了能建立统治所有人的团体，必须取得所有人的同意，但是这样的团体一旦建立，它的制度和规范却可能高度不平等。

尽管如此，霍布斯的观点在正义理念的背景下仍非常重要，因为它将我们从一个世界转移到另一世界。前者认为人类天生的能力高度不对等，经常是完全不对等，所以无须更多的理据来判断为实现基于不平衡互惠的正义而汇编的法律中的地位和权利的不平等类型。后者一方面认为律法、政治和社会的不平等需以不平等的现实局势进行判断，另一方面假设每个人天生拥有和自然授予其他人的权利一样平等的权利。

从霍布斯开始，削弱古代哲学家作品中盛行的不平等主义假说的思维逻辑链分成了两个方向。亚当·史密斯等作家保留了古代对能力的关注，但是霍布斯等作者则认为我们所发现的不同人类阶级之间能力和性格的差异实际上是其社会的产物，是其能够接受的（或无法接受的）教育机会的产物，也是特定的劳动分工产物。

事实上，不同人之间的天赋差异比我们意识到的要少得多；而那些用以区别不同领域之人的迥然不同的天赋在发展完善时更多地被视为是劳动分工的成果，而非劳动分工的成因。区别最大的人物，比如哲学家和普通街头搬运工，他们之间的差异似乎更多源自习惯、习俗和教育，而非天生。

因此，史密斯将我们引领到对现代正义理念影响巨大的思想革命的巅峰。如果我们在日常生活中发现的社会不同成员之间能力、性格和才能的差异是社会安排的产物而非自然授予，那么又该如何判断和这些人为差异相关的财富呢？尽管霍布斯和史密斯（更愿意）相信他们能够回答这个问题，但是后来的思想家们并未统一接受他们的答案，然而关于人类能力天生平等的共识所引起的那些问题对正义理念的深度发展而言至关重要。

还有一点对这个思维逻辑链进行了补充，但这一点根本对人类能力不予理会，反而断言因为每个人具有相同的价值，所有人类，无论拥有何种能力，在正义问题上都值得同等的关注。例如后来产生的正义问题理解方式之一的基督教，它根植于超自然理念，至少根植于非经验主义理念。也许康德就是这种理解方式最伟大的代言人。但是在我们检验正义思想的两大现代学派之前，让我们先讨论受现代早期思想攻击的第三种亚里士多德假说。

❧ 第 三 节 ❧

在涉及正义问题的大量古代作品中，有一个观点从未出现，即社会最初的外形和领域可能会被重塑，从而使之符合人类的设计。例如《伊利亚特》中权力和地位的等级制度被视为是理所应当的。但充满戏剧性的是伟大的战士阿喀琉斯声称以他作为战士公认的优秀性和他为战争作出的无可比拟的贡献，他有权获得比他至今为止接受的更多的战利品。最强大最有能力的人宣称应该被授予最大的份额，这样一种整体的秩序被视为自然，似乎无法以人为努力令其发生改变。同样，在希伯来圣经中，以色列人的上帝以高度详细的法典形式指明古代以色列社会的领域。总体来说，法典描述了以色列人可能对上帝采取的态度和行为；他们彼此之间可采取的意图和行为；犯错者受到的惩罚；以色列人被允许消费的食物和食物构成及其他一系列看起来神秘的事情。为了严格符合人类的设计，可对社会领域进行重塑，这样的思想似乎超出了古代以色列人和古代及前古典派希腊人的想象或者思维范畴。

随着希腊人之间开始逐渐出现批判性思维，虽然过程缓慢，但是这种思维限制开始消失。在最早记录正义论点的文体中，智者普罗塔哥拉（约公元前481— 前411，希腊哲学家）描绘了相关所有生物起源的神话、人类文明和人类事务中的正义。在解释普罗米修斯[1]盗取专业知识和火种并给予人类作为生存方式后，普罗塔哥拉发现人类仍旧缺乏政治知识，因此以不正义的方式对待彼此。后来宙斯让赫尔墨斯[1]为人类带去尊敬和正义，为他们的城市带去秩序，使他们能够建立友谊的纽带。根据普罗塔哥拉的说法，宙斯命令赫尔墨斯将这些特性分配给每个人，而非像医学知识等大多数知识一样仅由典型人物保留。在普罗塔哥拉的叙述中，宙斯争论说城市存在的前提是

---

[1] 赫尔墨斯（Hermes）：宙斯与阿特拉斯之女迈亚的儿子，希腊神话中的商业之神、旅者之神，主要为众神的使者、希腊奥林匹斯十二主神之一。

所有人懂得尊敬并拥有知识。相应地，宙斯说"无能力获取这两种美德之人将以城市灾害的身份被处死"。

尽管在普罗塔哥拉的故事中，上是帝正面形象，但是这个故事表明，必须对社会领域进行特意改造，才能借助该领域使人类生活在正义之中。在希罗多德[1]的《历史》一书中可以找到类似的表达。《历史》的创作时期与普罗塔哥拉时期相近，可能是公元前5世纪的后半世纪，即人类史上出现的非希腊人外来社会时期，背景是波斯王在法庭上发表关于君主制、寡头制和民主制三种政权形式的相对美德的空想演说。我们能够从希罗多德的作品中理解历史性和社会性的设想迹象，这种设想足以允许作者立足于自身世界之外，以完全不同文化和政治背景的其他人的角度看问题。重新设想社会构成的知识能力似乎已经实现。

这类能力在公元前5世纪就成为商业社会的雅典得到蓬勃发展。对现存社会轮廓不容置疑的认可被充满挑战和批判的局势取而代之，这种现象的残留被大范围地保留在戏剧、文学、政治和哲学作品里。尤其要提到智者，在他们的观点里，政治机构和社会安排是人类发明和规矩的产物，并非源于自然、由自然判定。这种想法的形成使从根本上重新构想社会成为可能。

---

[1] 希罗多德（Herodotus）：古希腊作家、历史学家，他把旅行中的所闻所见，以及第一波斯帝国的历史记录下来，著成《历史》一书，成为西方文学史上第一部完整流传下来的散文作品，希罗多德也因此被尊称为"历史之父"。

实际上，柏拉图的《理想国》正是涉及这块内容，但是柏拉图在暗示人类能自由地重新构想和建立他们认为合适的社会时退缩了。虽然柏拉图将他投入大量讨论的城市描写成哲人——统治家指导的大范围重建的产物，但是他的理论基础是这类城市的建设隐藏于自然之中。在他的设想中，哲人——守卫塑造居民的文化、思考习惯和惯例，从而使居民符合正义理念，即正义是不对等的人之间的命令和顺从关系。但是根据柏拉图的说法，关于正义本身的理念是蕴含在事物的本质之中。

在柏拉图去世后很久，有两种观点仍在相互竞争，一种观点是社会的基本轮廓是自然给予，另一种是社会是人类自己设计的（潜在）目标。但前者似乎拥有更多著名的坚定拥护者，最终在公元的第二个千年里开始流行。亚里士多德可能是这个观点最具影响力的反对者。在《政治学》中，亚里士多德这样说道：

如果像家庭和村落这种简单的联系是自然存在的，那么无论如何，城邦也应是自然存在的；因为这些联系在城邦中得以全面发展，而自然就意味着全面发展，如同任何事物的本质，比如人、家庭或马的本质可被定义为是其完成生产的条件……因此我们认为城邦是自然存在的机构，人类在本质上是政治动物。

对亚里士多德而言，自然授予城邦基本的领域构成，即一系列描绘城邦主要团体地位、责任和义务，决定强者和弱者定位以及调节成员关系的规范，同样，一匹绝对成熟的马的工作部位也属自然发展。人类想象着进行改变，并作出尝试，但这种尝试是非常错误的反自然行为。

3个世纪后的西塞罗接受了这个观点。我们可从上述内容看出，西塞罗申明的普遍正义概念脱离了亚里士多德提出的人类能力完全不同的观点，和亚里士多德的观点区别很大，因此削弱了亚里士多德城邦中强者的地位。虽然存在差异，但是西塞罗全身心支持我们必须在自然中寻找对正义特性的理解这一观点。他说道，"我述之正义为自然"，同样地，"最具价值之事在于清楚地理解人为正义而生，正义由自然确立，而非意见"。

在随后的几个世纪里，社会的基本构成由自然决定和这些构成属于人类设计的成功这两种观点不断竞争。但是西方罗马帝国崩塌后，后者表现出的对于人类能力的自信被极度削弱。中世纪早期的作品和实践各自且共同解释了人类的无能为力，似乎只有上帝知晓人类生活世界的秩序和工作方式。这种无能为力在其他地方也有所展现，比如源自德国律法而非罗马律法的与折磨相关的司法程序。此律法其实是一系列律法的混合，不能平等地适用于大范围的领域。该律法规定，被控诉的人只要承受住自己受到的"折磨"，比如被扔进火里或者水中，便可证明他或者她的清白即可。虽然折磨的形式多种多样，但其背后的基本理论却是折磨揭示了上帝的意愿。关键并不在于受控诉的人是否如我们所知确有犯错：而在于折磨理应表明上帝是否宣告被控诉者有罪，因此，人们遭受谴责和他或她的真实意图、知识或者行为无关。

但是，通过复原希腊人和罗马人的观点，我们发现早在10世纪就有迹象表明对人类理解秩序和创造秩序的能力的信心在逐渐恢复。中世纪初，波爱修斯（公元480—524，罕见的百科全书式思想家）雄心勃勃地想在身陷重围的拉丁世界中展现希腊学识。虽然波爱修斯的雄心壮志只实现了一小部分，但是他确实成功将亚里士多德的逻辑系统概况带进了拉丁世界。大约在波爱修斯出生5个世纪后，学者格伯特开始系统性地演说波爱修斯的逻辑论述，从格伯特时期起至少到12世纪早期，波爱修斯是学者们熟知逻辑的主要途径。到了12世纪，学者们和从业者们开始发展统一的标准律法体系，为了这个目标，他们不断反复地参考罗马资料。同样地，很多古代希腊哲学家的作品也被重新发掘。首先是阿拉伯式解读，这种解读从西方向阿拉伯西班牙学习的中心开始渗透，然后是伟大人文学家的原稿；自12世纪起，大量的作品进行了翻译。逻辑和律法的双重影响说明，通过人为手段理解秩序并将秩序带到人眼看起来混乱的世界是可能实现的。这为恢复对人类能力的信心以理解并创造世界秩序奠定了基础。

重拾信心的影响在哲学家的作品中和文学中相当明显，或多或少可从未来几世纪的人类实践变化中察觉。比如1215年的拉特兰会议禁止修士参与折磨的管理，有效地削弱了关于折磨的常规，强迫与律法诉讼相关之人从极易判断的明显确定性转移到人类机构可实现的可能性上。3个世纪后的新教徒改革者的作品，特别是马丁·路德的作品明确表述了这种价值的转变。与天主教普遍的教化和规范不同，路德不赞成大多数教士权威的观点，他坚决认为基督教从根本上来讲是一种建立在个人和上帝直接关系上的信仰。当然，路德相信的是人类信仰的力量，而非人类推理的力量。他对亚里士多德的逻辑没有多大兴趣，也不像他的反对者一样关心罗马律法中的折磨。但他延续了这些思维模式中对于普通个人了解真相的能力的无限信心。和路德意图的方向不同，这种信心帮助传播一个理念，即人类可能有能力重置现实，理解现实。

至少在托马斯·谟尔[1]爵士创作于新教宗教改革前夕的《乌托邦》中能明显察觉出这个理念。表面上，《乌托邦》是一个旅行者在自述一个拥有陌生习俗和社会安排的偏远岛国，但实际上《乌托邦》是在讽刺性地批判16世纪初英国生活中遍布的一些主要机制和价值。更是借由书中的设想确立批判，在该设想中，一个社会的机制和价值取决于成员的意愿，该社会不鼓励人类本质中最糟糕的特征，反而以可能最具建设性的指导管

---

[1] 托马斯·谟尔（St. Thomas More）：欧洲早期空想社会主义学说的创始人，才华横溢的人文主义学者和阅历丰富的政治家，以其名著《乌托邦》而名垂史册。

理较好的特征。

霍布斯的《利维坦》提到这样一个观点，即社会的基本构成并非天生而是人类行为的产物，也可能是人类设计的目标，这个观点在现代早期思想舞台上站稳了脚跟。霍布斯再次针对亚里士多德，讽刺政治关系为目的性的自然授予这一说法，或者用亚里士多德的话来说，是"最终成因"的这一说法。相反，霍布斯认为政治关系是人为产物。该产物可能在无意或者有意中形成，如果是有意为之，那么可能是粗制滥造，也可能是鬼斧神工。在政治关系能够被完善的范围内，放任这种关系发展成设想中"自然"的形式并不能实现这种完善，而人类努力、知识和发明却可以。

实际上，霍布斯辩论说，他是发现如何完善政治关系的第一人：

有些人认为正义只是一个没有实体的词汇，认为一个人借力量和艺术得到的东西皆为其自身所有，但我已证明其错误性：因而并不存在可维持制定绝对君主制所需权力的背景或者理论原则……

在他们的论点中，有些内容就如同残忍的美国人为了建造和材料本身同样持久的房子而否认任何基础和推理原则一样不堪一击，因为他们还未曾见过如此上乘的建筑。

亚里士多德比拟城邦和马时，霍布斯也在比拟政治关系（团体）和房子，他表明房子建设得好坏就是其设计者和建设者的知识所起到的作用：

时间和劳作每日都会创造新的知识。由于优良建筑的艺术源自推理原则，所以人类开始建筑（虽然不佳）之后，刻苦的公民长期研究材料本质以及不同数据和比例的影响，进而发现优良建筑的艺术：推理原则是在人们开始组建容易再次陷入无序的不完美团体之后的很长一段时间内，为了实现永久构建……而苦思冥想的结果。这就是我在此想要表达的。

霍布斯不仅为智者关于政治机制和社会安排是人类规矩的产物而非自然产物这样的观点注入新鲜的血液和智慧，还为该观点添加新的看法，即人类拥有足够知识后，可经努力完善这些机制和安排。

自霍布斯时期起直到19世纪及之后，这个观点一直是西方政治社会思想的支柱。受到现代科学，特别是现代机械科学的成功的鼓舞，代表人物从开普勒到伽利略再到牛顿，很多18世纪伟大的思想家，从孟德斯鸠到卢梭，从贝卡利亚到本瑟姆和孔多塞，都采取了霍布斯宣称的观点，即人类努力能完善人类机制。对于人类理解社会并创造社会秩序的能力和信心的迸发并非一帆风顺。从17世纪普通的律师库克和黑尔，到18世纪后

期的哲学家、政治人物以及后来很多的其他思想家，很多人都
催促尽快地找到可更精确地理解人类事宜的方法。从他们的时
代到我们的时代，用相对小心保守的方法重建人类机制和用相
对比较大胆的激进主义重建之间的争斗从未停止，前者是这些
后来的思想家的观点，后者则是同时期"启蒙者"的观点。

但是"启蒙时期"的思想家，包括霍布斯、孔塞多以及
其他人，从基本上改变了一群杰出人物关于正义问题的争议。
（"启蒙者"通常指一群18世纪的思想家，但我认为应加上更
加早期的作者，包括霍布斯。）正义理念思考模式最具决定性
的影响是产生了新的问题，即人类如何重新设计和建造社会领
域，使之本身变得正义。在18世纪，这个问题以正义思考的主
要部分的身份首次出现，至今依旧保持这个身份。确实，在这
个问题被提出很久之后，作家们仍可用它反驳正义概念可适用
于整体社会世界的领域，甚至是反驳人类有能力根据任何有意
的设计重置该领域。任何希望被认真对待的作家都绝对不可能
忽视这个问题。

第五章

功利主义的出现

在从1739年大卫・休谟[1]创作《人性论》至1789年杰里米・边沁[2]发表《道德与立法原理导论》（同年法国革命突然爆发）的半个世纪里，有一得以发展的思想学派在由欧洲思维掌控的大陆上的每个角落都留下了持久的印记。边沁是公认的首位功利学派的严谨理论家，但他的作品是建立在一大群作家奠定的基础之上的，这群作家坚持两个自以为不证自明的理论。一是人类机制应该提升受它影响的人们的福利；二是所有这些人的福利，无论多低级，无论多高端，都应该作为参考因素，用于评估这些机制如何实现它们所描绘的未来。很多这样的思想家都热衷于改革。这些思想家共同发展人类机制和正义的思

---

[1] 大卫・休谟（David Hume）：苏格兰不可知论哲学家、经济学家、历史学家，被视为苏格兰启蒙运动和西方哲学历史中最重要的人物之一。
[2] 杰里米・边沁（Jeremy Bentham）：英国法理学家、功利主义哲学家、经济学家和社会改革者。

考方式，这种方式不仅像霍布斯一样打破了亚里士多德关于城邦自然性和人类不平等自然性的假说，也打破了亚里士多德及其之前和之后的思想家们共享的关于互惠互利对于正义的重要性的信念。

除了休谟和边沁，我还应在此提及贝卡利亚[1]和亚当·史密斯的作品。这些作家彼此之间存在显著的不同。比如，休谟对"功利"一词有着与众不同的看法，与边沁以及其他功利主义者的看法都不一样。史密斯支持的观点和休谟的观点本质上并不相同；史密斯的整套道德体系，包括他的正义理论，是由一个假设的公平的旁观者以一种对其道德哲学而言独一无二的方式制定的。关于除边沁之外没有一个思想家能被毫无保留地定义为"功利主义者"的说法是存在争议的。但尽管如此，这些思想家共同参与的假说和目标使他们作为一个整体区分于我们至今为止提及的所有作家，而这些思想家因为这一系列关键性的参与彼此联系。

第 一 节

和霍布斯一样，这些思想家拒绝接受亚里士多德关于自然

---

[1] 贝卡利亚（Beccaria）：意大利经济学家、法理学家，代表作为《论犯罪与刑罚》。贝卡利亚最著名的行为，是在人类历史上第一次系统地提出废除死刑的理念。

固有的一系列目的决定了社会领域的假说，休谟沿用他那个时代的说法，将那个社会称为"民权社会"。如我们所见，对亚里士多德而言，这些目的指导初生的社会发展为成熟的社会，就如同一匹马指引它物种中的个体，至少是正常发育的个体，发展为完全成熟的个体。与此观点不同，功利主义的先驱传承了霍布斯的观点，认为社会是经人类设计得以改善的人类行为的产物。他们认为霍布斯的类比更为合适，即将民权社会类比房子，房子建设得好坏取决于设计者和建造者的知识和技能。

将私人财产机制当作民权社会的根基和正义美德的基础的休谟解释道：

同一物种的所有鸟类在每一年龄段在每个区域所建造的巢穴均十分相似：由此我们能看出本能的力量。人们在不同时期在不同地方所建造的房子并不相同：从中我们能发现理据和习俗的影响力。对比每一代的本能和财产的制度可得出相同的推论。

对休谟而言，作为性本能（必要的本能）产物的家庭是最重要的自然人类关系、责任和美德的归属。根据这个观点，人们偏爱自己的配偶、孩子、父母和其他近亲是自然而然的事。这些不同的家庭成员代表彼此之间关系的自然角色。这些角色确定自然道德最重要的责任，根据这些责任形成的完美行为是自然道德完善的结果。休谟虽然相信责任和美德的纽带通常比友谊的纽带更强大，但他将友谊中的个人关系和这点一起归到家庭纽带类别之下。他也认为人类天生对自己同伴的幸福或者苦难有一定程度的敏感性，但是在他看来，这种普遍的同情没有我们对朋友的感情强烈，也比我们的家庭关系要微弱得多。

作为民权社会基石的责任和美德与这些天然特性完全对立。对私有财产的尊敬是民权社会主要的独有美德；但休谟强调，这是"人为"的美德，因为根据自然道德的标准，无论其他人的拥有权和财产权如何，我们应为我们所爱之人谋求利益。和尊敬私人财产相关的人为责任和美德能够有效地管理人类行为，从而促进民权社会繁荣发展，我们本能地倾向于偏爱我们有私人关系的人，只有成功地限定个人圈子的范围，才能创造由人为责任和美德进行高度统治的鲜明社交圈。这个社交圈内才会出现经济行为、统治机构和民权社会。

私人财产、物质交换和契约性协议这三个主题主导着休谟对正义的讨论。这三种实践确立正义义务；正义美德在于这些实践的忠实，或者我们所知的倾向于对它们的忠诚。财产、交换和协议机制都是和人类自然倾向相反的人类产物，目的是取悦和我们有亲密关系的人。休谟认为这些惯例之所以能被采用和加强是因为它们的有益性，虽然它们是人为的。

谨慎的人为设计能提升这些机制，这个说法在休谟对正义的讨论，特别是对私有财产基础的讨论中有所体现。当然，原则上，这些机制会被不良的设计或粗心的建造所腐蚀。但是就如同被标记成"启蒙运动"的整场思想运动，休谟的基调是正面的。在一场华丽的斗争中，休谟以标志性科学家牛顿为例，对比民权社会中的正义角色和与身体运动相关的重力角色：

> 正义于社会支持之必要性是正义美德唯一的支柱；既然不存在更高评价的道德优秀性，那么普遍来说，这种有用性拥有的最强力量能最全面地管理我们的情感……哲学规则甚至普通理论都完全认可的是，任何能在特定情况下拥有强大力量和能量的原则在所有类似情况下都能产生类似的能量。这确实是牛顿哲学思维的主要原则。

现在我们已能够理解休谟提出的促进各种人类行为的力量。由此我们能够系统性地理解可用以解释人类行为的运动定律以及一系列能够加强人类福利的基本机制的法规。

和休谟一样，贝卡利亚坚持认为组成民权社会的机制和规范区别于自然，是人为的或是被创造的。确实，贝卡利亚在他的作品《论犯罪与刑罚》的开篇就说明道德和政治原则的三个来源，将天启、自然法规和人类规矩分别作为神圣正义、自然正义和政治正义的来源。但是引人注目的是即使认为他的作品声称全面约束了犯罪和刑罚的对错，但是他还是不考虑天启和自然法规，原因在于天启和自然法规的起源明显关心的是"上帝释放的正义以及上帝与今后生活的惩罚和奖励的直接关系"。人类之间严格的正义基础是为了彼此的利益而同意制定的规矩。贝卡利亚所述的这么多内容就是为了表明正义并不是"实在"的东西。反而，它"简单来说是人们设想事物的方法，这种方法对所有人的幸福造成了不可估量的影响"。

史密斯也认为社会世界的组成是规矩，是人类行为和大量已制定或者默认的人类协议的产物。并且他认为精心的设计和果断的改革能够改善那个世界，从而实现人类意图。关于帮助维持正义的情感的来源，史密斯和休谟有不同的意见。休谟认为这些情感源自人为，然而史密斯在他的《道德与情感论》（1759）中这样说道："自然在人类胸怀中植入对不良道德的感知，对于违反它应受到的惩罚的恐惧是人类关系最好的安全卫士……"正义感是天生的，但是提升或者加强正义感的机制和其他协调人类行为的机制和规范却不是。从史密斯《国民财富的性质和原因的研究》（1776）一书中能总结出他文集中最著名的范例，即劳动分工。尽管劳动分工"最初并非可预见并计划其有机会创造的大众富裕的人类智慧的结果"；换句话说，它最初并不是人类故意设计的产物。实际上，劳动分工是人类多年以来指定的不计其数的协议的结果，在这些协议中，有一些形成制定的习俗和规范，另有一些相应地发展为机制。虽然所有这些机制和规范最初并非有意为之的产物，但是可借助人类干涉进行改造和提升，从而促进人类目的。

边沁不知疲倦地拥护律法和政治改革，如同对霍布斯整体观点的支持，边沁也认为社会世界领域是人类规矩的产物，为了提升人类目的，应重建这样的世界。也许这个观点最著名的论据就是边沁在《无政府谬论》一书中谈及的"自然权利简单来说就是胡扯：自然而不可侵犯的权利就是夸张的胡扯——踩着高跷的胡扯。"人们有时认为边沁并未责备所有对权利概念的借助，只是他并不同意某些权利天生存在的说法。对边沁而言，权利和充满机制和规范的人类世界中所有重要的其他特征一样，是人类规矩的产物。

休谟、贝卡利亚、史密斯和边沁也认同，普遍来说，人类拥有相对对等的能力，在考虑每个人涉及的人类机制和规范的执行和改革时，人类值得平等地关注。休谟在他的论文"原始协议"（1748）中说道：

我们思考人们的身体力量，甚至是思维能力在接受教育之前如何彼此接近对等时，必定有必要承认，只有他们的心甘情愿能够从一开始使其彼此联系并服从于任何权威。

休谟在他的《道德原则探寻》（1751）一书中表明，正义关系至少是相对对等的人之间的必要关系，所以如果存在理性的物种，但是该物种的躯体力量和思维能力比人类低等很多，那么当该物种混迹人群之中，我们与该物种成员之间的关系便是命令与顺从，而非正义。这个说法相当传统，至少可以追溯到修西得底斯（希腊历史学家）时期，是亚里士多德正义理论的中心。但是休谟的结论直接反驳了亚里士多德和其他很多思想家得出的结论。对亚里士多德而言，这个说法传递的信息是不同人类之间合适的关系是命令与顺从关系，而不是正义关系，因为有些人天生比别人低等。但是休谟却认为恰恰相反，他认为，因为实际上所有人大约都彼此拥有对等的躯体力量和思维能力，所以以正义总结他们之间的关系相当合适。根据欧洲人绝对优质的自负假说，休谟在他的《问询》中立马开始批判欧洲人，因为欧洲人对待"印度人"时抛弃了"所有正义限制，甚至是人类限制"。同样地，在类似的情况下，他批判"很多国家"中在奴隶制下奴役女性的男性。对休谟而言，这些对人类基本平等的否认就是不正义。

同样，贝卡利亚支持的主张似乎是所有人类的能力都大致平等，他们值得平等地关注。举个例子，贝卡利亚争论说，如果很多人在够格出庭作证的年龄被残忍地剥夺作证的特权，那么任何理智的人，包括女性，均可作为目击者。贝卡利亚也同意让从很多人中竞选出来的陪审员提供补充性的判断，并支持由陪审员审判被告人。他强烈争辩贵族和平民应接受同种形式的惩罚，批判向无支付压力的富人收取罚款，却对穷人实施肉体惩罚。但是极度致力于律法改革的贝卡利亚并未说明何为平等的一般原则，他似乎认为无人比他人更值得关注，至少就律法而言确实如此。

正如我们在上述第四章所见，史密斯积极声明类似人类平等的观点。他在《财富论》中说道：

实际上，不同人的天赋差异并没有我们意识到的那么多……差别最大的人物，比如哲学家和普通街头搬运工，他们之间的不同似乎更多的是源自习惯、习俗和教育，而非自然。

人类自然才能的不同相对而言不太重要，实际上，史密斯是这个观点的主要拥护者之一。史密斯意识到，人们似乎认为靠手工劳动维持收入的人的思维能力不如受益于广泛教育和休闲时光的人。这起源于一个事实，即在复杂的劳动分工背景下，"大部分以劳动为生的人的职业……受制于一些简单的操作"，这种限制严重侮辱了这些穷苦劳动者的知识和智力。他认为唯一能够减轻这种影响的是积极的政府干涉，比如调整教育资源或者类似手段，即他在《国富论》一书中拥护的干涉。

边沁也认为才能是大致平均地分配给普遍人类的，所有人都值得平等关注：

那些热衷于公益的热心倡导者似乎很少认为社会是由个体组成的，正如柴把由木棍组成：每个个体和他人一样是社会的一大组成部分；个人的幸福和他人的幸福一样都是社会幸福的一部分。

边沁的这个观点本质上和约翰·斯图尔特·密尔[1]后来发布的著名边沁宣言内容一致，虽然边沁的作品中并无这些文字的记录："每个人都是一个个体，没有人能够代表两个人。"

第二节

如果我们在此提及的思想家赞同社会构成是人类规矩的产物，而非自然目的的产物，并且这些构成可根据人类的设计进行改革，那么他们眼中的设计的目标是什么？正义如何与这设计相联系？我们知晓的是先前的或者早期的功利主义者假设人类能力基本平等，值得平等关注。那么在这样的前提下，一个社会的建筑者和建设者所追求的最终目标又是什么？

休谟的正义观念是整个思维逻辑链中对于这些问题的标志性回答。休谟认为正义对社会有益这个假设控制着广泛应用的协议。他开始阐述一个更为激进的假设，即"社会功利主义是正义的唯一起源，对正义这项美德的有利结果的思考是其唯一的价值基础"。这个观点为休谟的作为民权社会机制核心的目标概念提供了重要线索。

我已经在上文中提过，对休谟而言，正义这项美德的本质

---

[1] 约翰·斯图尔特·密尔（John Stuart Mill）：英国著名哲学家、心理学家和经济学家，19世纪影响力很大的古典自由主义思想家，支持边沁的功利主义。

定义是对私人财产的尊重。正因如此，有时会断言休谟的正义概念特别地狭隘。但在休谟看来，这种断言低估了民权社会私有财产机制的集中性。对休谟观点中私人财产的简单说明表明了为何休谟认为机制是民权社会的基础，同时清楚地表明了功利和正义的概念。

休谟如此说道：

我们天生偏爱自己和我们的朋友；但是能够学习更为公平的行为所带来的优势。自然的开放和自由授予我们少许享受；但是我们经艺术、劳动和工业获得大量享受。因此财产概念为所有民权社会之必要；因此正义将其有益性提取并融入社会，并且单独显现其优点和道德责任。

这段引用虽然简洁，却精确地描述了休谟主要的逻辑链。人类在民权社会中彼此联系的主要目的是保证和平，获得能够使人们享受生活的物质。自然以"开放自由的双手"为我们提供些许这种物质。然而我们必须有目的地工作，将自然提供的原材料转化成适合人类消费的商品，从而获取这些物质。但是大多数人会勉勉强强地花时间努力生产商品，除非他们能确保自己会受益于自身的劳动。私人财产机制就是保证。当人们获得他们生产的商品或者拥有的土地的权利时，当政府能有效地实行这些权利时，人们才有动力进行劳作和生产。当这些权利中增加通过与别人交易所获得的商品或者土地的可实施性权利，关于未来交易（合作）的有效承诺和商业社会的基础才会成立。在此商业社会中，基本上每个成员都参与生产别人所消费的商品，作为交换，他们期望能够享用更多商品。

总而言之，除了保证和平，人们在民权社会中互相联系的目的是创造有助于他们享受生活的条件。私有财产机制以及调节交换和合同规范的规矩指导着这个目标的实现。对私有财产、交换和合作的权利最终决定了正义这项美德；在为了加强人类生活享受以商业手段聚集大量财富的社会中，为了保证这个社会的优势，极力主张和自然倾向相反的正义。最初组建政府的目的就是加强私人财产权利，从而促使社会创造财富。"使用正义这项美德的目的和倾向是创造幸福和安全"，休谟认为物质生产是提升幸福的主要手段之一。

亚当·史密斯比休谟更加强调财富创造是立法的中心目标。关于何为民权社会和正义的最终基础，史密斯和休谟持有不同看法。休谟完全用自然主义解释组成民权社会的机制和情感的起源，根据这个解释，这些机制和情感是文明化进程的产物，这个进程就是人类为了获取安全和财富的利益不断学会适应彼此的过程；然而史密斯认为这些机制和情感的终极本源是上帝。这个区别的关键在于跟随霍布斯的休谟持有最终因果观点，而史密斯恢复了亚里士多德体系，根据这个体系，在任何完整的解释中，除了直接原因，最终原因也有特定的定位。在一段几乎全部由达尔文书写的选段中，史密斯评论道：

我们能够在宇宙的每个角落找到最能适应人类生产目的的最完美形式；我们能够从植物体或者动物体机能中欣赏到所有的事物如何被设计以促进自然的两大重要目的，即对个体的支持和物种传播。

但是，他在非达尔文运动中这样说道：

在这些目标或者所有这类目标中，我们仍旧将它们多种动力和行为的直接原因和最终原因进行区分。食物消化、血液循环和各种由此产生的汁液分泌都是动物生存所必需的。我们会从直接成因角度努力解释这些因素，但是不会从目的角度进行解释，也不会在想到血液循环或者食物自行消化时考虑血液循环或者消化的目的。

和之后的达尔文一样，史密斯也认为，如果人们并无意图成为他们理应成为的样子，我们的身边就不会出现如此多的复杂工作。根据史密斯的看法，上帝的意图是将这些工作设定成人们的动力，如同钟表匠，上帝为了朝着自己设定的目标努力，设计并安排了数不清的部分，包括自然部分和社会部分。

史密斯在详细批判休谟时说道：

当有一个精制开明的理由建议我们以自然法则促进这些目标时，我们很容易将责任推卸给这个理由，就如同把责任推给这些目标的直接成因，即促成这些目标的情感和行为，我们以为这个成因是人类的智慧，但实际上是上帝的智慧。

史密斯在此讨论的目标似乎是休谟对于能够使我们根据正义原则生活的倾向来源的解释。史密斯和休谟一样，区别善行和正义，也和休谟一样认为，虽然人类对他们的家庭、朋友和相对弱势的群体普遍具有强烈的施善意识，但是就社会生存而言，正义地回报别人的行为比善行更加重要。然而，在解释这种倾向的来源和内容时，史密斯却和休谟分道扬镳。休谟认为当人们逐渐意识到正义感的用处，才渐渐开始认知正义感，但是史密斯在上面引用过的选段中却坚持认为正义感被植入于人类之中。

自然在人类胸怀中植入对不良道德的感知，对于违反它应受到的惩罚的恐惧是人类关系最好的安全卫士，可以此保护弱者、限制暴力、严惩罪恶。

他发现，天生的正义感有时和功利主义要求的正义感相互冲突。如果一个哨兵在战时睡着，即使他的过失并未造成任何伤害，但是为了强有力地制止别人进行效仿，功利主义就可能要求将哨兵处死。但是一个正义的旁观者可能会认为这个哨兵是不幸的受害者，而非邪恶的罪犯，而且对比让一个谋害者逃避惩罚，允许哨兵免受惩罚更容易让人接受。正义感要求的和功利主义所需的往往相互矛盾，史密斯认为可借这种矛盾支持他的正义感来源和特性理论及反对休谟的理论。

但是，很大程度上来说，是上帝赋予我们动力，引导我们聚集服务于我们个人享受和他人享受的商品，以此提升人类福利，这也是上帝植入正义感和其他倾向的最终原因。钟表的零件和动物的循环系统在不具备自我意图且不知目的为何的情况下依旧完成它们的目标，人类也一样，在不理解他们行为目的的情况下仍有动力惩治不正义，创造财富。提到创造财富，造成这个结果的倾向就是著名的"以物易物、物物交换的习性"，史密斯认为这种习性"是所有人所共有的，在其他动物中并未发现"。因为人们积极善举的范围通常只扩展到他们的家庭和朋友，所以他们必须为这些圈子中无法满足的需要和需求寻找其他的动力。而他们能够依靠的动力就是别人的个人利益。如果人们能够生产出别人需要的物品，并用此交换他们自己渴望的商品，那么他们就能够以此提升自己的福利。如果他们能缩小专业范围，增加产量，他们就可能收获比彼此交换所得更大的利益。所以劳动分工就此诞生。史密斯认为劳动分工是商业社会财富的主要来源。

虽然上帝在人类中植入提升人类福利的倾向，但是并没有要求人类理解为何是这些倾向，这些倾向又是如何进行设计从而提升人类福利的，这些倾向"通过看不见的手段促进目标，但这个目标却不属于人类的意图"，一旦人类智慧接触到这些设计，立法者和制法者就应义不容辞地改进这个设计。史密斯的《国富论》从头到尾都在诉求一种能够支持"自然自由体系"的立法，这是相对自由的市场体系理念的早期版本，史密斯认为这种相对自由的市场体系是人类聚集财富的最佳方式，可以加强人类福利并优化以消除这个体系对穷忙族的负面影响为目的附加立法和政府行为。史密斯认为他分析的正义原则和休谟分析的一样是建立在对私人财产机制的尊重基础上的一系列用于实现这个目标的规则。他认为自然自由体系也是如此。因此，史密斯不赞同亚里士多德所提出的社会基本领域是自然目的的固有产物，他也和我们在此提到的其他三位思想家产生了分歧，但是前者不及后者清楚尖锐，史密斯及其同辈人共同强调人类力量在重塑那个领域时能够或者应该发挥的作用。史密斯的第二本书籍，也是更为出名的书籍意在给革新者展示这个社会世界，告诉立法者如何设计立法以支持上帝以提升财富的形式创造人类幸福的计划。对上帝而言，立法者是设计师，而人类在不知他们的行为目的为何的条件下却成了最初的建设者。

贝卡利亚也捍卫民权社会的中心目标是提升幸福这个观点。休谟和史密斯将目光放在通过增加可供人类享受的物质存储来实现这个目标。相反，贝卡利亚的关注点是最小化与犯罪及惩罚相关的痛苦，而休谟和史密斯对于这个律法和政治领域，只是匆匆一瞥。贝卡利亚凭借古罗马帝国的法典、伦巴地习俗和"凌乱晦涩的专业解读"坚持认为相关犯罪和惩罚的现存法是"最残酷时代的残余"。虽然律法应该建立在自由人的协议之上，但是实际上几乎所有律法的存在形式都是"少数人实现野心的工具或者是短暂且无计划的需求的产物"。贝卡利亚的目的是为这种杂乱无章创造一种秩序，服务于社会全体成员的利益，而不仅仅是少数当权者的利益。

贝卡利亚提议律法和刑法改革是为了完成三个目标：普遍减轻惩罚的严重性；平衡所有阶级人员的惩罚，即从当权者到被剥削者的惩罚，以及从加强社会成员幸福的角度出发引导惩罚的方向。回想起霍布斯、洛克和其他社会契约理论者时，贝卡利亚说道，惩罚社会成员的社会权利源自每个成员将他的部分自然权利转移给整体。所以任何无法保留社会纽带需求的惩罚都生而不正义。例如，贝卡利亚声称严酷的惩罚只有对社会做出积极贡献时才能被称为正义，但是他认为这几乎不可能。他强烈反对使用酷刑，认为酷刑是残忍的折磨惯例的遗留，理由是这样收集证据既无效又不正义。他更激烈地反对死刑，认为死刑属于社会与公民对抗战争的一部分。贝卡利亚尝试从不同领域说服他的读者，很多他那个时代的惩罚制度无理且严酷，且如我们在此章节之前所见，当权者和普通人应受到同样的惩罚，比如，如果不幸之人遭受肉体上的惩罚，那么有权有势的罪犯也应遭受同样的惩罚。

贝卡利亚的基本惩罚原则是"惩罚的伤害应超过罪犯从犯罪行为中获取的利益"。这个原则的依据是惩罚的目的应是防止罪犯继续犯罪，制止别人犯同样的错误。贝卡利亚在契约论者和权力的基础上解释惩罚的权利，原则上来说，这是落后的观点，因为根据这个解释，任何特定时间内的惩罚权利都是基于事情的发生早于这个特定时间，但是贝卡利亚对于惩罚目的的解释却十分前卫：

简单来说，惩罚的目的并非折磨或刑罚任何有感知的生物，亦非撤销已经犯下的罪行。政治体作为个人爱好的平静剂，不应被爱好本身所改变，那么政治体如何才能隐匿被当作狂怒、狂热或者弱暴行手段的无效且残忍的行为呢？可怜人之哭叫是否可撤回已然发生之事情，重置时间？

评估普通法和特殊刑法的出发点应该是"它们是否有益于大多数人的最大化幸福"。贝卡利亚认为最优的立法是阻止犯罪，而非进行惩罚。"这是所有优秀立法的主要目标，是引导人类获取最大化幸福的艺术"。

边沁是功利主义模式律法和制度改革伟大的组织者。基于休谟和认可贝卡利亚的观点，边沁发展形成了一个缜密且全面的理论，该理论的基础是假设民权社会的设计者、建设者和改革者意图创造能够实现成员幸福最大化的律法和机制。边沁认为贝卡利亚关于刑法的书籍是"第一部通篇从事审查"的书籍，换句话说，是第一部对法律进行批判和评估，而非仅仅作出说明的书籍。

边沁因功利主义原则而出名。在相关的早期作品《政府片论》中，边沁宣称"大多数人的最大化幸福才是衡量对错的标准"。他在后来的作品中大幅修改这个说法，只提到"最大化幸福原则"。边沁从未书面解释过这个改变的原因，但有理由猜测是因为他意识到他原来的说法有歧义，因此不够缜密。当我们被告知既要最大化集体的幸福，又要最大化幸福的人数时，我们就会怀疑，在这两个命令指向不同的政策的情况下，我们应该怎么做。比如，最大化集体的幸福最可行的办法就是采取律法和政策使大多数人非常幸福，但同时少数人会承受痛苦。而把幸福分配给大多数人的最佳方式可能不会造成集体幸福的最大化（可能是因为后者最幸福的人不会和前者最幸福的人感到一样幸福）。边沁最初的功利主义原则观点并不正确，因为它并未说明它所需的行为。

不管边沁为何改变，他继而发展形成了高度系统化的功利主义理论，很大程度上涉及很多休谟和史密斯也关注的可能会增加社会成员享受的律法和机制安排，以及能够最小化社会施加的痛苦的刑法改革。

边沁的理论备受讽刺，且人们对其知之甚少。在接触它的核心内容之前，我想先消除一些对他理论的误解。

首先，他在《道德和立法原则导论》中说道：

自然将人类置于两位至高无上的主人的统治之下，即痛苦和愉悦。只有它们能够指出我们应做什么，决定我们应怎么做。对错的标准和因果链均由其定夺……

但是边沁并不认为人类直接或者有意识地以追求愉悦为目标。和之后的约翰·斯图尔特·密尔一样，边沁相信人类行为的目的可能是任何东西。他最终相信这些行为的成因是它们能够给人们带来快乐或者使人们避免痛苦；但是他并不认为所有人的所有行为都是为了故意追求快乐。

其次，边沁并不认为个体有义务在任何时候或者一直都追寻最大化社会福利或者社会整体幸福，更不必说世界上每个人的幸福。像约翰·罗尔斯[1]这类近期的功利主义批判家和像彼得·辛格[2]这类近期的普遍功利主义者，强化了边沁持有这个观点给人留下的印象，但是这个印象并不正确。

最后，也可能最重要的一点是边沁并不提倡立法者应通过

---

[1] 约翰·罗尔斯（John Rawls）：美国政治哲学家、伦理学家，是20世纪英语世界最著名的政治哲学家之一。
[2] 彼得·辛格（Peter Singer）：澳大利亚和美国著名伦理学家。

调整为最大化幸福服务的立法和政策的结果以尝试直接实现最大化幸福原则。他避免用这种直接的方式最大化功利主义，原因至少有两点。第一，他并不觉得普通立法者能够正确计算集合的功效。他意识到很多人拥有他所谓的"独特的价值"；实际上，至少普遍来说，他意识到了很多后来的作家所谓的人际功利关系（福利）对比问题。简而言之，他并不拥护他认为的简单"政治算术"。第二，边沁相信，一般来说，只有当立法者将法律立足于保证人们的安全期望模式，才能使功利主义得到最好的发展。和之前的休谟及史密斯一样，边沁强烈倾向于认为，要想人们能最好地享受生活，他们要能够自由地在一个稳定的规则体系下行事，当出现干扰人类慎重计划的最佳基础的各种意外情况时，这个体系能最小化这些意外情况。

　　同样，边沁、休谟和史密斯都认为依法有序的稳定框架是期望发展的先决条件，这些期望是大量快乐的直接来源（设想一下人们花在计划和幻想亚热带假期上的时间或者他们想象和亲密朋友在一起的时间），也是包括复杂的劳动分工在内的任何大型社会合作的先决条件，这种合作创造商品，以此产生大量额外的快乐。和休谟不同，边沁的论点是这种框架依靠他所谓的"安全保障原则"而形成，这个原则将保证所有无法自给自足的社会成员的生存方式（自由的物质条件）的义务强加给立法者。史密斯没有详细说明立法者有义务为社会地位非常低的群体也提供保证，虽然明显的是他认为这会是好政策。虽然边沁极其强调财富的分配（与一些现代的错误想法不同），但是对边沁、休谟和史密斯而言，任何用于促进功利主义的战略的中心支柱最终都是设计一系列能创造大量财富的财产规则。

边沁也支持和贝卡利亚的惩罚原则非常相近的惩罚原则。边沁首要的惩罚规则是"在任何情况下，惩罚的价值都不允许低于足以超过犯罪得到的利益的价值"。因为刑法的首要目的应是防止人们犯罪，犯错者遭受的折磨应超过他期望的从他的罪行中获得的好处。但是，边沁补充说，只有最小化犯罪收益才能有效地阻止犯罪。边沁的惩罚理论和贝卡利亚的理论如出一辙。虽然他们在细节上的观点不同，但是他们都认为任何刑法体系的目标都应是整理犯罪动机，从而将犯罪率尽可能地降低到最低水平，同时在犯罪者身上施加最少的却足以实现此目标的痛苦。

✧✦ 第 三 节 ✦✧

我们提到的最初功利主义者和最早功利主义者都认同的是，社会世界的设计者、建设者和革新者都应受加强人类福利这个目标的指引，人类福利被解读成幸福或者享受生活。贝卡利亚关注的是对这个目标所作的贡献，他认为刑法和规范的改革能够实现这个目标。休谟和史密斯将大量的注意力放在加强消费商品生产和享受的方式上。边沁接受休谟和史密斯的论点，并将其结合成普遍的功利主义理论。

关于重塑社会领域的人应该追求的目标的概念在其形成之期非常流行。18世纪中期和末期，在这些作家最熟悉的世界各地，穷困随处可见。饥荒和饥饿时期也不例外。所以对这些作者而言，维持能为自己的成员提供需求和某种渴求的富有创造性和商业性社会的重要性不言而喻。同时，塑造社会安排所需的知识从某个意义上来讲可促进人类生产用于享受的商品，其所需要的知识似乎首次在历史上唾手可得。这些思想家中，休谟不是唯一的从牛顿对形成天人和地球人躯体运动的运动定律的理解获得灵感的人。类似的对动因法则的理解能适用于人类社会，这个理念似乎不需要多少信仰就可达成，而且因为所掌握的这些法则，似乎没有理由怀疑人类能够以最适合满足人类需求和渴求的方式重建他们的机制和规范。

从本质上来讲，休谟、贝卡利亚、史密斯和边沁都是参考这个目标以定义正义的。对休谟而言，正义的本质包括对私人财产权利的尊重。但是私人产物本身是正义的，因为它加强了人类社会的多产性。史密斯和边沁都没怎么偏离休谟的正义概念，虽然边沁明显地扩展了休谟的定义。

此外，史密斯声称多产性和财富的首要来源是高度发展的劳动分工，在这种劳动分工的情况下，生产者获得非常专业的技能以及非常高的效率。和休谟一样，史密斯认为"一个无法享有常规正义统治的国家很少会享有长久的商业和制造业的繁荣"，他将这点等同于财产权利和契约的实施。史密斯虽然也赞同休谟说的财产权利的实施是任何成功的商业社会必要的基础，但是和休谟不同，史密斯认为良好发展的劳动分工能够实现富饶。史密斯在其巨著的开篇的句子中提到："多产的劳工能力的最大提升，和提升劳工能力所采用的大部分技能、灵敏度和判断力，似乎都是劳动分工的结果。"史密斯承认，从发达的欧洲国家中可以看出，经这种方式获取的提升如此巨大，以至于"欧洲皇室的寝宫并不比勤劳朴素的农夫大多少，因为农夫的寝室比很多非洲国王的寝官更大……"

史密斯对于劳动分工增加多产性的能力的信心在政治经济学家中快速传播，渐渐地不再局限于这些圈子。史密斯自己的观点则是划时代的发现，他的观点修正了关于立法目标的基本假说和繁荣的民权社会应采取的形态的基本假说。

但是，这些思想家只紧紧地关注加强幸福这个目标，却不再将互惠互利作为正义思考的中心。确切来说，早在亚里士多德时期之前，正义理念就和财产权的保护相联系。但是这些早期的化身中，互惠互利概念实际上是如何定义正义理念的关键。惩治型正义被认为是惩治手段而非改善手段，它的目标不是加强幸福，也不是提升某些方面的福利。正如想象的那样，以互惠互利为中心的惩治型正义的目标是恢复遭违反的秩序，要么是通过强制罪犯归还他们非法所得的财富，要么是罪犯受到他强加给受害者的等比例的伤害。休谟和他的追随者重新定义正义，当他们认为正义是服务功利主义的工具，他们正将互惠互利推向正义理念的边缘。他们不认为互惠互利是正义理念的基础，反而将正义重新设想为一种工具，它的目的既是提供框架，鼓励生产供人类享受的商品，也是加强能最小化痛苦的一系列规则，这些痛苦可能是社会成员强加给他人，也可能是强加给彼此双方的。史密斯甚至也认为这点没错，他认为自然在人体中植入惩罚性的情绪，但是人们最终以其对于提升社会功利的倾向来解释这些情绪，并提出了一个确定惩罚程度的威慑原则，这与贝卡利亚和边沁的观点很相似。在惩罚理论中，有必要舍弃作为互惠互利概念的一种应用的惩罚观点。如贝卡利亚在重新构想的观点中所言（可以在以上大篇幅引用的段落中找到），"惩罚的目的并非折磨任何有感知的生物，亦非撤销已经犯下的罪行……"当然，没有一个惩罚性正义的捍卫者会认为惩罚的目的就是字面意义上的消除犯罪。但是从道德或者合法的角度讲，早期作者恰恰就是如此设想该目的的。

功利主义的正义概念在其出现之初令很多人受到冲击，因为它比强调互惠互利的旧正义观点更为敏感，更加仁爱。为什么人们要承受更多不是他们应承受的东西，为什么人们要被剥夺能带给他们快乐的商品？但是功利主义也被自身问题所害，最明显的问题就是功利主义概念在有些情况下被用来证明可以惩罚无辜的人。假设发生了一起严重的犯罪案件。罪犯消失，但是案件本身受到了广泛的关注，公众并且要求找到并惩治这个罪犯，以减轻人们对于这个罪犯可能会再次犯案的恐惧。恐惧的力量如此强大以至于造成破坏性的影响，这种影响远远超出了任何理性的回应：即人们拒绝离开自己的房子，商业减少，变得稀稀落落，工厂和其他作坊因为很多人害怕出来工作而纷纷倒闭。这种情况下，较好的做法可能是伪造某人是罪犯，逮捕他并让他认罪或者仅仅只是扣留他，直至整个事件平息。功利主义的批判者经常断言，如果从功利主义理解司法正义，那么就要支持上述方案，并指出这样的暗示就是从功利主义角度理解正义的一个致命缺陷。一些作者争论说，最具说服力最广泛被接受的功利主义理论版本不受这个指控的影响，但是据说能将功利主义理论和这个批判隔离开的行为面临着棘手的难题，而且在任何情况下，这些行为是否会成功都未可知。

我们先前讨论的功利主义作者认为人类是自由且负责的代理人。对边沁而言也是如此，边沁经常被错误地讽刺为把人类当成机器人或者有巴普洛夫定律[1]的动物的人。但是这些作者并没有从这个概念中得出亚里士多德和很多其他人得出的结论，即自由且负责的人之间的正义关系就是互惠互利关系。他们从根本上重新设想正义。对他们而言，正义是目的论就如同柏拉图的观点。柏拉图的理论是18世纪之前的正义理论历史

---

[1] 巴甫洛夫定律：又称条件反射定律。苏联生理学家巴甫洛夫正是经典条件反射学说的创立者。

的大纲。他们设想的正义目标和柏拉图设想的目标几乎没有共同之处。对柏拉图来说，正义首先是培养有序的灵魂，其次才是建设和维护为了培养这些灵魂而存在的城市。早期功利主义思想家不赞同柏拉图关于自然在决定正义特性中所起的作用的概念，也不认可柏拉图关于不同类人不平等的假说。但是他们用另一个同样不受互惠互利概念欢迎的集体幸福的目标取而代之。这种对于正义理念的重新构想给人们留下了强烈的印象，时至今日仍具有强大的影响力。

史密斯意识到劳动分工形成高度发达的商业社会中大量的生产力，这点在正义理念史上书写自己重要的传奇。劳动分工本身，而非个体工作者单独的努力，造就了复杂经济中大量财富的聚集，这个观点严重削弱了贡献原则。贡献原则是亚里士多德认为的接近正义思考核心的概括形式，自亚里士多德时期起至今，一向如此。当然，即使个体工作者的行为在不知不觉中被切分成零碎，但劳动产生的所有商品最终仍是个体工作者行为的产物。然而，如果在生产过程中，无论是单独企业还是更重要的社会整体分工中的生产过程，个体贡献的技能和效能只有当无数其他人拥有或者施展他们自己的专业技能和效能才有可能获得，那么所有这些人生产的商品很大程度上就是社会产物，而非仅仅只是个人的创造。如果复杂的劳动分工中最大的贡献实际上是劳动分工本身创造的，那么在贡献原则的基础上判断正义还有多少意义？史

密斯发现了劳动分工在财富创造中所起的作用，这为这个社
会产物如何进行分配等一系列困惑埋下了伏笔。本质上，这
个发现引发了现代的社会正义问题。

第六章

康德的正义理论

❧❧ 第 一 节 ❧❧

就在功利主义成型的那个世纪接近尾声时，伊曼努尔·康德激烈批判了在两百多年的时间里作为丰富的正义理念来源选择之一的功利主义。康德和基于功利主义的正义概念的拥护者一样，全身心地接受人类拥有平等价值这一说法。但是从其他基本角度来讲，他与休谟及其继承者的想法不同。最重要的是，康德明显反对人类享受或者幸福的提升能够一直作为合理的正义理念的基础这一假设。对康德来说，关于人类的基本真相是人类是自由的、理性的、负责的代理人，这个真相与关于正义的考虑有关。最先和最早的功利主义者不否认人类是（至少有可能成为）自由理性的生物。但是，这种特性并不属于这些哲学家的正义理念的基础。反而对康德而言，人类是（潜在地）自由的、理性的和负责这一假说是所有合理的整体正义和道德理念的基础。

康德在他的著名论文"理论和实践"中举的一个例证是他区别于将功利主义概念作为正义理念基础的人的象征。想象一下这样一种情况，有人被任命为一大笔财产的受托人，而财产的主人已去世，财产的继承人虽然拥有独立的财富，却挥霍浪费又尖酸刻薄，且他们并不知道财产的存在。如果受托人和他的家庭，即他的妻子和孩子们，遭遇严重的财政危机，而这笔个人财产的财富足以解决他们的困苦。那么假设受托人将这笔财产挪为己用，如果他选择这么做，他的盗用行为也永远不会被财产继承人或者其他人得知。很显然，在这个设想中，考虑到所有财产继承人和受托人自己家庭成员的现状，该受托人如果隐瞒继承人关于财产的消息，并盗用财产解决自家的困苦，那么就可提升相关人员的集体幸福。他甚至只采取了最轻微的手段，却能够大幅提升家庭成员的幸福，又不影响财产继承人的幸福。但是康德认为这种盗用是错误的行为。受托人有责任根据去世财产主人的意愿分配财产，把财产传递给任何其他人而非真正的财产继承人均算为渎职。（要注意，在康德的逻辑中，就算以接受财产份额来减轻痛苦的赤贫者对受托人而言仅仅是个陌生人，结论依旧不变。）虽然可能有强烈的情感促使从既定的受益者手中转移相关的资源以减轻人们的痛苦，但是康德争论说，按财产原主人的意愿分配财产是受托人的责任，这个责任应该超越为了提升幸福而转移财产的诱惑。简洁概括这个观点就是，对康德而言，正确的比有益的（在伦理上或道德上）优先考虑。

1781年，康德发表《纯粹理性批判》，奠定了他伟大的现代哲学家之一的名声。紧跟着的是他主要的道德政治哲学作品，包括1785年的《道德形而上学基础》，及1797年达到顶峰的《道德形而上学》。在康德潜心写作将近20年的时间里，他详细说明并完善了自己的论点。我的讨论首要的基础是康德18世纪90年代的作品，包括他在1793年创作的关于"理论与实践"的论文和在1795年创作的关于"永久和平"的论文，以及《道德形而上学》。

康德不断引证两个论据来反驳功利主义可恰当地作为论证道德和正义的基础这一说法。首先，我们从功利主义背景推理出的任何结论都可能具不确定的。这是上述受托人责任那个例子的核心要点。康德争论说，受托人如果根据功利主义结果决定如何处理财产，那么他会被迫评估所有处理方案（例如一次性完全占有财产后再慢慢使用，或者将这笔财产分配给所有继承人，希望以此加强自己的名声，最终获得财政利益）可能会产生的结果。当然，这么做具有不确定性，只会导致受托人无法得到明确的道德指导。相反，康德认为，如果受托人选择按（康德认为的）责任要求进行操作，就不会对何为正确的行为产生任何怀疑。他认为，即使是一个八九岁的小孩也能理解自己的所作所为应依照自己的责任。

其次，康德争论说一个扎实的道德理论不能以幸福为基础，因为幸福的来源因人而异，只有个人喜好最适合决定如何以最佳的方式追求他或者她的幸福。人们必须根据自己的经历明确什么能带给自己快乐，当然每个人的经历都是与众不同的。所以在幸福的基础上无法得出通用（或者至少是普遍的）道德结论，而且在康德看来，道德戒律必须是自然而然且普遍通用的，它以相同的方式指导每个人，并不考虑因人而异的个人喜好。此外，康德认为允许每一个人以自己的方式追求自己的幸福并没有错，强加给人类任何特定的幸福概念都是不对的。他似乎认为功利主义方式的特征就是试图用这样的方法来强加幸福。

上述论点没有一个令人信服。第一个论点假设不存在真正的道德责任冲突。因为如果存在这些冲突，康德设想的责任感有时无法就一个人的正确行为得出明确的结论。这种情况下，所谓的康德责任教条对于功利主义推理的优势就会消失，因为用前者的方法推理出的道德结论和后者一样不确定。但是康德提出的不存在真正的道德责任冲突的假设似乎有些牵强。借用他自己举的例子来说：假设一个遭受海难的人抓住一块木板以防自己溺水，而另一个幸存者和前者一样，已经筋疲力尽，如果没有支持物维持漂浮，他就会溺水而死，他同样也抓住了那块木板。不幸的是，那块木板只能支撑他们其中一人。康德的观点是，第一个幸存者如果为了使自己活命而推开第二个幸存者，这是不对的行为。他的理由是，对他而言，不剥夺没有对自己造成伤害的人的性命是"绝对责任"，而维持自己的生命只是"相对责任"。换句话说，只有在我不会犯罪的前提下才有义务确保自己的生命，所以才说这是相对的责任。而康德似乎认为将第二个受害者推离木板这个行为本身就是犯罪。但是没有证据表明康德的结论是正确的。当两者中只有其一可以幸存时，为什么拯救自己性命的责任不能同等于不剥夺别人性命的责任呢？用这个例子总结存在真正的道德责任冲突似乎更有说服力。而康德得出相反结论的理由似乎是他坚决认为他的道德教条应该排除所有会造成道德歧义的可能性，虽然这种排除的基础在有些情况下并没有那么有说服力。

他的第二个论点也有问题，部分原因是这个论点合并了道德原则和政策建议，前者按理说应该（在康德的观点里就是必须）是明确的，而后者就其本质而言经常是不明确的（因此康德才要进行讨论）。还有部分原因是这个论点建立在对功利主义的误解之上。如我们所见，那些拥护以功利主义为基础的正义概念的人意识到幸福的源头因人而异。这种认知是边沁提出的"奇特的"价值观的关键点，也是休谟、边沁和很多类似的思想家所提倡的政策的基础。根据这种认知可以得出，我们无法将从以功利主义为基础的正义概念中得出的政策建议调整到我们确定的将最大化集体功利的程度。即使没有其他阻碍，也很难落实现这个目标所需的详细信息的数量。功利主义者对于这个问题的回应是支持能够增加个人所享用的机会和资源的法律和政策，如此一来，他们就可利用这些优势来追求自己的幸福，通常是以自己独特的方式。这一回应也有效地削弱了康德的第二个论点，该论点的基础似乎是律法和政策的功利主义理论规定了要强加特殊类型的幸福这一猜想。就像康德认为的那样，功利主义思想家拥护的，至少边沁拥护的道德原则是很明确的，即使源自这些原则的政策建议并非总是明确的。因此，边沁也被认为是首个全面系统地表述功利主义的代表。对于用自己的方式追求幸福的个人而言，这些道德原则留出了足够的空间。

❋❋ 第 二 节 ❋❋

不管康德对于以功利主义为基础的正义理念的批判有哪些不足，康德的作品真正关注的是他对于这些理念的选择。康德的论点是道德和正义恰当的基础是自由而不是幸福。为了理解他的自由概念，和他认为的从自由概念中得出的正义含义，我们必须首先简略地窥视康德形而上学的特殊世界。

康德在《纯粹理性批判》一书中争论道，人类的认知方式无可避免地限制了人类的知识范围。虽然试图总结我们在此所议论的出了名的晦涩难懂的作品既没有必要也不明智，但是我们要理解的是康德在此区分了两种完全不同的认知方式，这点很重要。第一种是对于物体或我们可能接触到的物体所呈现或者可以呈现给我们的外貌认知。我们可以把通过这种认知方式获得的知识称为现象知识。（现象知识大致相当于经验主义知识：即我们从对世界的观察和体验中获得的知识。）康德认为我们所有的现象知识都是由一定的通用属性，也就是他所谓的"类别"推理而成，因此不可避免。举个例子，每当我们设想这个世界上（比如在宇宙中）的某样事物，我们想象它处于空间中的某个位置，具有空间属性。（甚至在我们的想象中不占空间的一个点也具有不占空间的空间属性，位于空间中的一个特殊位置。）在他的观念里，我们见到的所有东西都具备必要的空间属性。同理，我们见到的所有东西在与时间的关系上也是如此：它们具有时间属性。康德也认为我们关于事物外貌的知识，即我们所有的现象知识，都是我们按照一定的类别将事物联系在一起或者不联系在一起而形成的，比如我们认为我们见到的所有事物和其他事物都是由于因果关系而彼此联系。即使在我们不知事物之间的因果联系是什么的时候，当然通常我们并不知道，我们还是认为事物之间存在因果关联，否则我们无法真正地去设想它们。

　　康德提出的第二种认知方式是对于事物本质的认知，即对于它们脱离现象属性后的认知。康德把这种认知称为本体认知，它的前身是意味着智力、才智和思想的希腊名词理性，和它相关的抽象名词是纯理性的认识，即柏拉图认为的最高等最真实的认识形式。

柏拉图清楚地告诉他的读者，人类能够获取纯理性的认识，虽然这里的人类指的是少数具有哲学本质的人，他们的哲学本质可经过培养达到顶峰。相反，对康德而言，人类难以获取关于他们本质的知识，即理性知识。我们可以认为某种生物可能会获得这类知识，但是我们无法获得这类知识，甚至严格地从认知角度来说，我们甚至并不知道原则上任何智慧的生物都可以获取这类知识。空间和时间的观点，以及由因果关系形成的类别，在人类的认知范围内是天生固有的。我们无法挣脱这些观点和类别所强加的限制；或者说至少我们无法获得超出这些范围的知识。

根据康德的观点，有三件事情与人类无法获得的现象或者经验主义知识有关，而我们又有强烈的现实兴趣对这三件事情进行推理。这三件事就是意志的自由、灵魂的不朽、上帝的存在。其中，意志的自由是康德正义理论的关键。

在康德的看来，我们既不能证明，也没有确切的知识表明人类拥有自由意志。但是，我们能证明只有当人类是自由时，道德观才有意义。在此基础上，我们可以合理假设人类就是自由的。在此假设之上，我们能广泛地推理出道德和正义的内容。我们能够通过这种推理方法发现康德所谓的自由法则，这些法则告诉我们什么应该发生，什么是我们的责任，而自然法则却相反，自然法则仅帮助我们解释世界上到底发生了什么。这个推论导致了"责任教条"，在这教条中：

人类拥有追求自由的能力，这一完全超感的属性应该能代表人——人类的人性，即独立于物理属性的个性，也就是本体意义上的人，也能代表人类，这种个性不同于受物理属性影响的同一主体，也就是现象意义上的人。

换句话说，我们进行思考的前提必须是我们知道人类是自由的，而这里的人类是指作为实体本质的人类，是超越我们的现象认知的人类。虽然我不应再次提及康德的逻辑推理，但是对康德而言，我们进行思考的前提也必须是假设人类是理性的。自由和理性这两种属性形成所有道德观点的基础，因为若缺少这些属性，道德观念毫无意义可言。

康德正义理论的基础是二元论，即巩固他整个形而上学思想的二元论。值得注意的是，本体意义上的人与现象意义上的人之间的二元论和早年就在基督思想中起关键作用的身体与灵魂之间的二元论非常相似。身体是可视的自我；灵魂则是不可视的自我，也是男性和女性的真实人格所在。在基督思想中，灵魂是迄今为止更为重要的一方。同理，在康德的思想中，本体意义上的人起到的作用远远超过现象意义上的人，前者的非物理特性，即"超感特性"，是康德正义理论的基础。康德曾是基督教新教徒，所以能在基督思想这个大家庭中找到用来巩固他正义理论的说法、概念和教条也就不足为奇。

如我们所见，康德的包括其正义理论在内的道德理论的基础是一个关键的假设，假设本体意义上的人类是自由的。就因为话题的对象是本体意义上的人，所以这个话题并不是经验主义范围内的讨论。换句话说，这个话题和通过观察能够发现、证明或者反驳的人类属性无关。这反而是关于人类本质属性（假设的）的话题，也是一则标准的声明，一则关于应当是什么的声明。认为本体意义上的人是自由的，在某种程度上也就是认为人类应该是自由的，人类有权自由。

康德的自由概念是他正义理论的核心。所以，想要理解他的理论，重要是要明白一点，即康德并不支持普遍的自由观点对个人行为缺乏限制。相反，他定义下的自由是个人以单独或联合的形式赋予自己的自由，并不是其他法则给予的自由。对他而言，自由并非不限制个人行为，而是这种限制不同于别人任意强加的限制。

另外，因为自由理念的基础是假设的实体意义上的人，并不是严格意义上可以被认知的人类本质属性，所以区分不同人的经验主义的差别无关于正义理念或者人类权利理念的含义。亚里士多德假设人类天生彼此之间有类别上的不平等，该假设的基础似乎是一种经验之说，即观察得出人们的能力完全不同。霍布斯、休谟和亚当·史密斯提出的人类平等观点的基础是实际上人们的能力大致平等，至少在不考虑社会影响和教育差异的前提下确实如此。从康德式的观点来说，对人类能力或其他经验主义属性的观察无关于权利和正义问题。如此说来，每个人都拥有绝对的价值，所有其他的人也拥有同等的绝对价值。

>>※ 第 三 节 ※<<

康德整个道德理论，包括他的正义理论，建立的基础是假设本体意义上的人是自由的。他认为我们能从这个假设中推断出一个超级道德原则，他把这个原则称为"绝对命令"。绝对命令能称作命令是因为它是一种指令，实际上是一种告诉人们什么能做或者不能做（或者应该或者不应该做）的命令。绝对是因为它适用于任何人（甚至是适用于所有自由理性的生物），无论个人的愿望、意图或者目标是什么。

我们可以将绝对命令和康德所谓的"假言命令"作对比。如果命令是根据人们可能拥有的特殊的愿望、意图或者目标而决定实施的，那么这个命令就是假定的。（可能称为"条件命令"更合适。）如果我的愿望是成为技艺精湛的小提琴家，那么对我而言通过上课、练习等类似的手段实现我的愿望，这就是假言命令。我拥有或者实现这个愿望并非道德义务，我也无法和其他很多人进行分享。所以这个特殊的假言命令并不适用于其他人，只适用于我自己，因为是我要实现自己的愿望。相反，绝对命令平等适用于所有人。比起假言命令，绝对命令的力量更强大。如果特定场合下出现的一些矛盾使我无法同时遵守绝对命令和假言命令，那么我会优先遵守绝对命令。

尽管康德从不同方面构想绝对命令，但是实际上他认为只存在一种绝对命令。这种命令的构想之一是："只要按照你同时能够愿意它成为一个普遍法则的那个准则去行动。"康德认为整个正义理论就是源自这个简单的命令。

通常认为康德的绝对命令是"黄金法则"的一个版本，常见的描述是"你想别人怎么对待你，你就怎么对待别人"。当然，这两者的相似之处相当多。两者说法都是绝对性的命令，换句话说就是无条件的命令。两者都是反身的，就是说两者都要求人们在对待别人的时候要把他们自己放在别人的位置上，并思考他们能否在那个假定的环境下接受一种预期的行为。这两种陈述也都普遍适用于所有人。

尽管如此，康德的陈述和我们在马太《四福音书》中发现的黄金法则并不一样。黄金法则适用于不相关联的行为，要求使用它的人思考他们想要别人如何对待自己。虽然绝对命令也适用于不相关联的行为，但是绝对命令是通过准则媒介（这些准则就是人们在追求自己选择的目标、目的和计划时所采取的行为原则或者规则）得以行事的。在判断这些准则时，绝对命令要求我们不要以我们希望发生什么为依据，而是思考我们是否愿意让自己的准则成为普遍法则。我们所经历的那个康德要求的反思过程与黄金法则内命令的过程类似，但是实际上这个过程更复杂、更抽象、更普遍。

康德构想的绝对命令和马太《四福音书》中声明的黄金法则之间的差异在康德的正义理论中非常显著。我们能够通过《登山宝训》[1]中另一著名选段略知这些差异,《登山宝训》也是耶稣声明黄金法则时所作的演讲。在耶稣清楚阐释黄金法则前不久,他说道:

你们曾听见有话说,"以眼还眼,以牙还牙。"但是我要告诉你的是:不要与欺负你们的人作对。若有人打你的右脸,连左脸也转过去由他打。有人想要告你,要拿走你的里衣,连外衣也由他拿去。有人强迫你走一公里路,你就同他走二里。

包含黄金法则的《登山宝训》传递的关键信息是加害别人并不正义。这个信息非常类似于苏格拉底在《理想国》中意图用来削弱柏拉图在作品开篇表达的不同版本的作为互惠互利的正义理念的论点,即永远不可能将加害别人视为正义。互惠互利是正义基础这样的观点对《登山宝训》和《四福音书》所传达的内容而言,就像它对《理想国》中的柏拉图而言一样难以理解。但是,正如我们将看到的,互惠互利概念在康德正义理论中起到不可或缺的关键作用。

---

[1]《登山宝训》:《圣经·新约·马太福音》第五章到第七章里,由耶稣基督在山上所说的话。

在上述构想中，绝对命令适用的对象类型很不明确。绝对命令最明确的对象类型就是行为。但是绝对命令指挥人们通过反思行为背后的准则判断自己的某个行为是否被允许，如此说来，至少间接来说绝对命令似乎也可以适用于准则（与行为或者行为类型有关的原则和规则）。在康德的整个道德理论中，绝对命令事实上是这两种对象都能采取的命令的基础，即道德法则的基础。这两种对象类型的区别，即行为和准则的区别，是划分康德道德理论中两大主要分支的根本。准则（和这些准则意图的目标或者目的）采用的道德法则我们称为伦理法则，由伦理法则构成的法规规定了我们能够正确采纳的意图和目标范围。行为采取的道德法则我们称为司法法规。司法法规限制人们的行为，但不限制他们的意图或者目标。康德整体的道德理论包含这两种类型的法则。但是他的正义理论只涉及司法法规和能被这些法规控制的外在行为。

康德相信不可能强迫人们采纳某些意图。（基于他对自由的理解，即使可能强迫人们采取某些意图，但是强迫他们的行为似乎是不对的。）因此，只有当人们有适当的意图承担慈善义务时才会实现慈善义务受制于伦理法则，但不受制于司法法规（比如正义法则）。然而，并不是说这些意图和区别于康德伦理理论的康德正义理论没有任何关系。根据康德正义理论的观点，公法即使没有要求人们按规定的意图行事，却也可能禁止人们根据特定的意图行事。比如禁止谋杀，根据公法，这种罪犯有意为之的犯罪行为不同于过失杀人，这种禁止和康德的正义理论一致。康德的正义理论适用的对象是行为，也只有行为，但是有意的行为，比如谋杀，而正义法则可能适用于这种有意为之的行为，也可能适用于那些无意之下的行为。

❖❖ 第 四 节 ❖❖

康德的正义理论是一种道德法则或者自由法则理论，它对人们的外在行为加以限制，这种限制可能是强制性的。这个理论的基础通用的权利原则，源自绝对命令和以下的康德构想：

如果一个人的行为符合普遍法则，以至其行为能够和其他每一个人的自由同时并存，那么，这就是权利。

这个原则主要就是解释用强权阻止人们阻碍别人的自由，这是康德一笔带过的内容。

普遍认为康德的观点是法律强权只有在保障自由时才可能是正义的。但是要注意，这部分内容并不属于康德提出的通用的权利原则。当然，根据权利原则，强制行为（比如实施强权法律），必须和符合普遍法则的个人自由保持一致。但并不是说这种强制性行为唯一允许的目的或目标就是保障自由。康德认为自由并不等同于不限制人类的行为，甚至不等同于最小化对人类行为的限制，记住这点也很重要。如此说来，如果个人只受限于自己的法则，不管是单独的还是联合的，他都是自由的。此外，康德的理解是与相关的立法者是实体意义上的人，而不是现象意义上的人。传递给自己法则的人是脱离个人渴望和喜好等物理属性的人，而不是充满这些物理属性的人。如果作为经验主义自我的人，受制于"超感"的自我传递的法则，即现象意义上的人受制于实体意义上的人传递的法则，或者其他人参与与这些法则的实施相关的决定，那么这个人的自由并未减少。

康德利用他的正义理论基础原则，即通用的权利原则的基础总结出目标话题的两大类型。首先是人们之间不相关联的关系。他将这一话题整体标签为私人权利，包括现下我们所熟知的财产、交易和契约等话题，也包括即将要讨论的超越别人的权利。（"超越别人的权利"包括男性相对他们妻子的权利、父母相对孩子的权利和房主相对仆人的权利。尽管康德认为所有人类都拥有和所有其他人同等的绝对价值，但他也认为在家庭中，某些人的定位自然而然比其他人优越。）其次是与民权条件，即国家（或者民权社会，这种说法的使用很快就会过时）相关的公共权利。

这两大主题密不可分，互相纠缠。举个例子，康德区别所有权和财产权，他认为私人权利主要组成之一的财产权只有在认可和加强财产权利的民权条件下才有可能实现。即使康德在进行公共权利话题之前已经在讨论私人权利，但是他认为脱离民权条件范围，即脱离通过强权保证公民私人权利的国家，就不可能存在私人权利。对康德而言，正义社会是指社会成员通过克制自己不侵犯彼此的权利相互尊重彼此的权利。和休谟及休谟的继承者们一样，康德强烈维护私人财产权利。他意识到人们要求财产是因为他们认为财产对自己有用。但是康德对于私人财产合理性的论点并不在于私人财产机制有益。对他而言，私人财产权利的基础是自由，是实体意义上的人天生就有的自由。人类拥有自由的意愿这个假设是道德理论的基本，在康德的观念里，没有这个假设，道德理论就没有意义。人类拥有自由的意愿也就是说我们的决策和行为并非不可阻挡地只来源于经验主义喜好和渴望。我们天生有能力根据符合自由法则的自我意愿行事。正如我们能够根据自己的意愿行事一样，我们也有能力坚持自己的主张。正是坚持自我主张的能力使私人财产权利变得合理。

康德认为人类权利根植于因每个人的人性而属于每个人的原始的自由权利。康德也认为人类没有义务受制于他人，也不能够限制他人，从这个意义上讲，所有人都天生平等。但是康德否认天生的平等涉及平等的拥有权。他断言国家中的所有主体都有权受到法律的平等对待，如此才能避免有人享受特权，或者有人遭受不愉快的法律事宜上的歧视。他还宣称政权中的所有成员都应该在自己的权利范围内竞争社会可能提供的权力岗位，并且他对世袭贵族机制进行了详细的批判。但是康德坚决维护拥有权的不平等，拥有权包括拥有物质和精神上的优势和技能，也维护更普通意义上的物质财产拥有权的不平等。

尽管康德认为有些人天生在家庭中处于优越位置，能够成为决策者是因为他们的"物理属性（作为现象意义上的人的属性），尽管康德维护拥有权的不平等（甚至是"极度的不平等"），但是互惠互利概念却是他私人财产理论的关键。的确，他的财产理论最基本的主题是天生平等的人（对他而言就是所有人）之间的正义关系就是平衡互惠关系，在这关系中，相关的参考对象是实体意义上的人，而不是现象意义上的人。以下是"理论与实践"中代表性的选段之一：

人们作为人类的自由，是组成共同体的要素，这样的自由能够通过以下方式实现。没人能强迫我获得与他概念里的别人的幸福一致的幸福，因为每个人都可以以自己认为合适的方式追求幸福，只要不侵犯他人追求类似目标的自由，这种自由是能够在可行的普遍法则下与每个人的自由相一致的自由。比如，他必须将自己享有的权利同样赋予别人。

康德对于人们之间的互惠互利是自由意愿的载体的强调事实上是他关于绝对命令和普遍权利原则的构想的证据。他在强调这些构想中的普遍性时，同时也在强调作为自由能力拥有者的人们之间的互惠互利。

康德对于互惠互利的强调在他的以公共权利为标题的惩罚理论中最为直白。康德在其他地方关注用功利主义理解正义和用他自己的方式理解正义之间的差异，在此也一样。他声称"法庭宣判的惩罚"（在此包括对犯下民权罪责的人的判决和对犯罪行为的惩罚的）"永远不能只作为罪犯本身或者民权社会提升其他好处的手段。法庭对罪犯的惩罚只能是因为罪犯有犯罪行为。"这里明显是在批判一个事实，即功利主义逻辑下的正义会为了大多数人的利益，导致无辜的人受罚。有人可能争论说这仅仅只是一种假设的可能性，因为功利主义者没有普遍地为对无辜的人的惩罚进行辩护。然而康德同样在意的是功利主义逻辑导致的惩罚并不够严酷，不足以平衡罪犯犯下的罪行。实际上他提出这个批判意在说明他整个政治哲学中最强有力的一些内容：

惩罚的原则是绝对命令，而有些人为了能找到解除或者减轻罪犯惩罚的方案而在幸福感的道路上蜿蜒匍匐前进，他们在道德原则基础上追求幸福的目标，惩罚的原则对这些人而言是一种苦恼……因为如果没有正义，人们在地球上的生活就无任何价值可言。

提到正义问题，康德认为为了大多数人表面上的利益，我们应该考虑尽量减轻对罪犯的惩罚，也应对无辜的人施加并非他们所应受的惩罚。

那么正义会要求怎样的惩罚呢？康德的答案是很明确的。惩罚的原则就是：

在正义范围下处于顶端的平等原则，是从不倾向于任何一方的原则。因此，无论你强加给他人的并非他们所应得的罪行是什么，你自己也一样需承受这些罪行……只有惩罚法则能完完全全说明惩罚的质和量。

康德所在阵营的人认为互惠互利概念是正义理念牢固基础的一部分。此外，从康德对惩罚的论述中很明显可以看出他坚持认为惩罚严格来说和平衡互惠关系密切。尽管他并不坚持犯错者受到的惩罚要完全等同于犯错者给受害者造成的伤害，但是他的惩罚理论和圣经中以眼还眼、以牙还牙教条的关系极为密切。

古代作品广泛支持的观点是正义事关对等的人之间的平衡互惠和不对等的人之间的不平衡互惠。尽管康德接受律法权利的不平等是最自然的，也强烈维护拥有权（包括物质和精神能力和外在利益的拥有权）的不平等，但是坚持认为正义思考的参考对象并非现象意义上的人，而是实体意义上的人，即他构想中的自由能力的拥有者和权利承载者，而非满身物质属性和精神属性的人。作为自由能力的拥有者，所有人都是平等的。那么对康德而言，对无论是何种阶级的所有人的惩罚的基础原则应是平衡互惠原则。康德争议说，即使高层阶级的人受到的惩罚不能完全等同于相对低层阶级的人受到的惩罚，但是他们接受惩罚的后果应为相同。他认为，不管出于什么原因，不管是考虑到大多数人表面上的利益还是因为个人的社会阶级，惩罚过轻和过重（或者惩罚无辜的人），都一样是严重的不正义。

康德最严厉的批判包括对于反对死刑的批判，特别指出贝卡利亚。他认为贝卡利亚"被过分影响人类的同情心所感动"，沉迷于一些除了是"诡辩和司法诡计"便毫无意义的论述。有人遭受惩罚是因为"他的行为该受惩罚"。贝卡利亚的错误就是没有区分本体意义上的人和现象意义上的人，前者是依据普遍权利原则制定律法的纯粹理性的自我，后者是满身物理属性的自我，这些物理属性包括冲动和个人喜好，通常会造成违法和侵犯其他人的权利。死刑是理性的自我依据严格的惩罚性正义决心施加给任何有杀戮行为的人的刑罚。虽然康德偶尔在细节问题上犹豫不决，但是他对于惩罚原则的基础应是平衡互惠原则的决心从未动摇过。

第 五 节

讨论惩罚话题时，我们已经开始挖掘康德称为公共权利的领域。康德强调只有当公共主体，即国家，施加惩罚时，惩罚才是正义的，即使惩罚的大多数对象是不相关联的人们之间（私人权利的关键）的侵犯行为。在康德看来，这里的私人权利和他正义理论中的其他领域的私人权利一样，从功能上来讲依附于公共权利。

换句话说，康德相信只有通过参与民权条件，即和别人一起加入联合体或者国家，才有可能维护人们关系的正义。他坚持认为人类绝对有义务参与到这个条件中：

> 一个联合体本身是一种目标，它的所有成员都应分享这个目标，因此这个目标成为人类……对外关系中绝对首要的义务。那么这个联合体只有成为民权政权，比如共和国，才会在社会中立足。

事实上，民权条件对于正义如此重要，以至于肯定会有人被迫或强制加入共和国，这些人指任何倾向于留在"自然"的前政治状态中，避免成为共和国成员的人。

关于这个结论，康德主要的观点是只有组建强大的强权所支撑的集体意志，人们才能保证别人会尊重他们的权利。在拥有这样的能力之前，每个人都有权利做对他而言似乎是正确的有益的事。但是，在前政治条件下，每个人都有可能被别人的随心所欲限制。所以任何人群首先必须要做的就是融入别人，和他们一起创造有足够能力实现公民权利的国家。正义社会唯一可能实现的形式就是正义国家。

康德也认为，任何对抗国家立法权威的行为都绝对是反正义，任何情况下都是如此。在正义问题上，国家的臣民们要绝对顺从国家的专制。康德的理由是没有国家就没有正义，任何叛乱、煽动叛乱的言行或者对抗国家的行为都威胁着国家的存在，因此也威胁着正义的存在。康德在突然爆发的法国革命造成的混乱未解决之前那段时期创作的作品似乎没有考虑到另一种可能，即对抗公共法律和政策实际上可能巩固政治政权，而非威胁政治政权。

关于公共权利领域的观点，即如果人们愿意加入某个国家，他们就会正当地被要求加入，而国家的所有主体都要绝对服从国家的统治者，在基于自由理念和个人绝对价值理念的政治哲学中尤为显著。自由只和个人赋予自己的单独或者联合的法则有关，和其他法则无关，这就是康德鲜明的自由概念，这点无论在哪里都不会改变，记住这点很重要。自由并不能"保证个人能做自己想做的事，除非自由是指做对别人不公的事"。尽管康德非常相信每个人和他人一样拥有同等的绝对价值，但是他的自由概念远比他的读者意识到的更具社会性。

康德要求我们把民权条件或者国家当作是这个国家的成员一致同意的"原始协议"的产物。对他而言，就像本体意义上的人是一种理性理论一样，这个协议是一种"理性理念"，而非经验主义或者历史事实，但是他又认为这个协议具有现实意义。他有关公共权利的作品表明大部分民权条件的要点是保护个人之间彼此联系的权利，用于巩固这个条件的协议条款比这个构想本身可能要表达的还要更加广泛。

康德坚决反对家长式的国家，即这种国家把国家的臣民们当作孩子一样对待，认为他们无法辨别什么有益，什么有害。在他的观点里，不管这种国家的本意如何好，这种国家都是"能够想到的最严重的暴政"，原因在于，公民应能以他们认为合适的方式追求幸福，只要这么做并未侵犯别人做类似事情的自由，但是这种国家却否认这项基本的人类权利。康德似乎也反对为了实现拥有权的平等而重新分配财富，因为他认为根据国家法律平等地对待所有人和拥有权的不平等完全不冲突。这些观点导致有些读者总结说康德提倡极小国家，这种国家除了提供普通的防御和实施个人权利、财产权利和契约，能做的事情甚少。

事实是康德拥护的是比极小国家要强大很多的一种国家。他这么做的基础是原始契约理念，这个理念是他公共权利领域下的正义理论的核心。虽然国家为了平衡公民的拥有权在公民之间重新分配财富可能不正义，但是如果重新分配财富是为了满足需求，那么重新分配财富不仅仅是被允许的，也是对该国家的要求，如此一来这个行为就是正义的。康德清楚地知道，国家将富者的财富转移给贫者是为了给那些无法自给自足的社会成员提供生活所需，从而履行国家的义务。他支持的是，考虑正义问题时，国家应该强加税收，以此影响财富的转移，但是完全没有考虑到仅仅是自愿的捐赠行为就可以满足贫者的需求。康德并不支持极小国家，他认为正义的国家能保证它所有成员的需求，包括这些无法自给自足的人的需求，能够强制要求富者贡献自己所拥有的一部分以满足他人的需求。

康德的逻辑非常直白。富者觉得连他们的生存都要得益于国家，更何况是他们的财富，因为没有国家，他们就无法生活，更无从谈论富裕。所以他们有义务回报这些利益，有必要为他们同伴的福利作出一点贡献。他们对于帮助维持贫者的生活的责任的基础就是互惠互利原则。

康德的结论在原始契约理念中表达得非常清楚。如果康德的私人权利理论的主题是人们之间的关系是作为实体意义上的人之间的平衡互惠关系，那么他的公共权利理论的主题就是原始契约理念，是所有公共权利背后的原则，是对公共法律和政策是否正义的检验。原始契约理念是一个假设性的协议，在这个协议中，国家的成员保障他们同伴的权利和需求，他们的同伴也有责任回报他们。

对康德而言，原始契约理念是判断法律和政策是否正义的工具，就如同绝对命令是对个人准则和不相关联的关系是否正确的检验。如果所有人整体都不同意原始契约中的某项法律，那么这项法律就是不正义的。另一方面，如果所有人整体都同意协议中的某项法律，那么至少可以争辩这项法律是正义的（康德认为即使人们不赞同某项法律，他们也有义务思考这项法律是否正义）。至少有些人不同意原始契约的依据是，有些法律允许剥夺一些国家成员用于满足自身需求的途径，所以这一系列的法律就是不正义的。通常来说，任何在原始契约中得不到所有人同意的法律或者政策都是不正义的。康德不认为反抗国家统治者是正义的，即使反抗的目的是反对不正义的法律。但是他确实相信法律有时是不正义的，原始契约理念为检验这些法律是否正义提供了强大的智慧。

第 六 节

和功利主义作家相反，康德直接将互惠互利概念放在正义理论的中心。私人权利领域与人们之间不相关联的关系有关，康德在这个领域中支持平等的人之间的平衡互惠，因为他认为所有本体意义上的人都是平等的，他把平衡互惠当作是私人正义关系的基础。康德关于公共权利领域的观点则更难归类。但互惠互利概念也明显起到非常大的作用，从享受民权条件利益的人必定有义务回报他们的同伴这点可以看出，这些义务在有些情况下会强迫他们放弃自己财富的一部分，并提供给其他有需要的人。但是很难精确描述康德在此发展的互惠互利观点的特征。他似乎并没有采用明确的平衡互惠概念。

康德开拓了新的正义思想的领域。虽然亚当·史密斯创建了系统性的社会，这个社会的财产和产物都归功于社会整体而非社会各自的部分（从而推动劳动分工概念和劳动分工的结果），但是他没有围绕这个版本的社会形成明确的正义概念。康德却精确地做到了。康德通过把已经熟知的原始契约观点重新设定为对联合体立法的系统性检验开创了一个新世界，可能并没有克里斯托弗·哥伦布首次航海进入美国那样故意。虽然"社会正义"一词还未成型，但是康德偶然间发现了过去两个世纪里的社会正义概念的本质特征。

康德有意留给后世一个不同于功利主义理论者所维护的正义社会。在下列《道德形而上学》的选段中，康德提供了窥探这个版本的正义社会的途径：

千万不要把国家的富有理解成国家公民的福利和幸福；因为幸福可能对这些公民而言很容易，原因是幸福可能来自卢梭宣称的自然形成的国家，甚至也可能来自专制的政府。相反，要把国家的富有理解成是最全面符合权利原则的条件；理智以绝对命令强制我们为实现那个条件而奋斗。

对康德而言，正义社会是指首要目标和倾向是维持互相尊重的社会关系以及自由且平等的公民之间的互惠互利，而非加强他们物质方面的福利的社会。当然康德的这个社会概念是有缺陷的。康德把人类视为高度抽象的实体意义上的个体，低估了人们之间关系的平等一定程度上对他们的相对环境而言是个麻烦的事情。此外，他的私人权利概念严格来说扎根于平衡互惠，和公共权利概念彼此冲突，因为公共权利概念的基础是无法简单理解为平衡互惠的原始契约。但是，康德标出一个领域，如果没有专业术语，可称为社会正义领域，并且他这么做是通过一种超越了注定会把该领域变成贯穿19世纪及之后的阶级斗争的想象。

第七章
社会正义理念

✦➤ 第 一 节 ✦

　　大量具有影响力且不拘一格的思想家在19世纪发现了正义领域研究的新高峰。这些思想家超越了史密斯、边沁和康德等作家曾经征服的高度，想方设法地向着更远大的目标前进。他们构想用完美的正义标准作为彻底评估社会整体机构的基础，关注社会利益和负担的分配方式，并意图通过这种分配方式为社会的大规模变革辩护。源自这个新观点的影响广泛的设想最终帮助他们重新构建他们发现的领域。

　　确实，19世纪之前的很多思想家对于自己社会的看法都有创见性。在首部政治理论大纲性的作品《理想国》中，柏拉图详细地叙述了这样一个城邦，这个城邦如果存在，将会推翻自己公民最基础的看法，会打破很多常规，这些常规是他的出生地雅典建立的基础。但是柏拉图并未期望，也可能并没想

到，能见证自己所描绘的这种城邦成型。同样，在早一点的16
世纪，托马斯·摩尔创作了《乌托邦》，描述了一个表面上理
想的完全共产主义社会，这个社会是未知领域里的一个大型岛
国。实际上，摩尔并没有觉得这幅景象会被当作社会彻底改革
的蓝图，而且如果果真如此，他可能会被取笑或者被排斥（或
者两者皆是）。托马斯·霍布斯曾在17世纪建议彻底改变他的
同辈人思考政治秩序的方式，但是他的建议虽然深远，却完全
只限于政治领域，一旦这些改变发生，对于社会和经济生活的
影响难以预料。亚当·史密斯提议的经济行为和经济规则的重
大改变也对社会关系产生了重大的影响，但是他的意图并非颠
覆他所在的社会或者任何社会整体的机制。到目前为止我们所
讨论的作者中，边沁的构想最接近19世纪深具影响力的思想家
的雄心。然而，虽然边沁宣称他自己是严肃的言出必行的改革
者，他发明了全新的思考机制和常规的方式，但是他拥护的改
革虽然重大，却很零散。虽然霍布斯和边沁等传统思想家都认
为社会是可在人类设计的指导下得到改革的人类规矩的产物，
但是这些思想家都未曾想到把完美的正义标准当作彻底评估所
有社会机制的基础，也没人会想到这种彻底的改革在19世纪的
政治思想家和社会思想家的构想中显得如此普通。

19世纪会出现新的思考正义的方式，是因为关于社会世界
领域和关于人类力量能够对那个世界造成的影响的看法发生了改
变。霍布斯、休谟和很多其他人都已经认为那个领域是人类行为

的产物，而非经自然之手形成的独特景观。19世纪早期，对于这个观点的描述绝无仅有的生动。很多思想家都认为社会领域的主要特征就是它是行为、规矩和机制的产物，人类的努力能够改革、推翻或者替换这些行为、规矩和机制。这里的社会领域包括受谴责的社会安排和机制安排，这些安排给大量人口带来不安和痛苦的生活，造成经常性的过早死亡。这是历史上首次人们真的认为有可能从根本上重置政治和社会（至少对于一些观察者而言是这样的）。引起这种认知改变的原因之一是改变了18世纪早期至19世纪早期英国和欧洲的经济和社会生活外貌的源源不断的技术革新。必然造成航海事业的大幅提升（这对跨洲贸易具有重要的影响）的精确计时工具、蒸汽机械和动力织布机等的发明在当时帮助提高了生产力，重塑了大多数普通人的经济和社会生活。正如弗朗西斯·培根所预言，似乎有大量的科学发现从17世纪开始涌现，具有代表性的就是为人类利用和控制自然奠定基础的牛顿力学定律。很快，人们毫不费力地形成另一种想法，即如果我们能引导自然听从我们的吩咐，那为什么人类社会不可以呢，毕竟我们是人类社会的创造者。

　　但是，第二个影响社会改革观点的原因，可能也是决定性原因，是开始于1789年并贯穿于18世纪90年代的法国大革命。不同于仅仅早于十年发生的美国独立战争，很多法国大革命的主要支持者和反对者都认为它是和过去彻底的决裂，是寻求在全新的原则上重建法国政治和社会的决定性事件。在无数观察者对政治和社会的构想中，这场革命具有不可估量的影响力，即使正如两三个世纪之后的阿历克西·德·托克维尔[1]提出的观点，这场革命的现实意义并没有人们当时认为的那样重要。如果说17世纪和18世纪的科学和技术革新为全新意义上的社会改革的可能性奠定了知识基础，那么法国大革命则完成了一系列全新感悟力的转变。

在亨利·圣·西门[2]和他的秘书及奥古斯丁·蒂埃里[3]一起在1814年合作完成的作品中，这种感悟力得以体现，在重建欧洲社会的预言性提议中，圣·西门说道：

> 社会秩序之所以会被推翻，是因为它已落后于启蒙水平；所以对你来说是时候创造更好的秩序。国家已经解体，是时候由你进行重建。

"推翻"和"解体"，"创造"和"重建"：这些圣·西门和蒂埃里选择用来呈现他们观点的词汇表明戏剧性的社会改革不仅仅只是一种可能，而是旧秩序崩塌后不可避免的结果。

很多圣·西门那个时代和之后时代的人都认可他对彻底改

---

[1] 阿历克西·德·托克维尔：法国历史学家、政治家，社会学（政治社会学）的奠基人。

[2] 亨利·圣·西门：早期法国空想社会主义者。

[3] 奥古斯丁·蒂埃里：法国历史学家。

革观点的感悟力，这种认可一直延续到20世纪。但是代表这种感悟力的巅峰的却是卡尔·马克思的作品。马克思在他创作于20世纪中旬的作品中提出，那时候的人类社会并没人意识到人类行为会导致的广泛而系统性的后果。结果，在整个历史中社会并没有形成高度相关的主要社会合作形式和方式，没人会有意识地设计这些形式和方式。（马克思特别感兴趣的是社会生产活动和生产力的组织方式，因为他认为所有其他重要机制的主要特征都源自这种组织。）但是马克思认为他那个时期的人类已经站在历史彻底变迁的顶端。大家开始清楚、精确和全面地理解驱动人类历史进程的力量。当大众（即工人阶级）进一步理解推动历史的根本力量时，人类就有可能掌控自己的命运，依照自己的意愿成就自己的未来。然后历史将首次有意地受集体人类意愿的引导，转向一个全新的方向。

马克思大量借鉴亚当·史密斯及其之后的作者关于政治经济的理念，借此组织他对独特的历史性关键时刻的看法，他认为自己正处于这种时刻。回忆一下，史密斯曾提出现代商业社会的特征是劳动分工，劳动分工是这些社会最大化生产力的主要来源，他认为虽然事实上没人会有意识地设计或者计划劳动分工，但劳动分工已然形成。所有社会财富资源最伟大的地方在于，一代代人为实现自己相对狭隘的目标进行大量的交易和生活活动，无意识地创造了财富，并不在于加强社会生产力或增加社会财富。史密斯和他的继承者们致力于构想出一个概论或者"规则"来解释这些活动及其总体结果，就如同用牛顿定律解释天体和人体运动。

马克思接受史密斯和其他古典政治经济学家的很多关键观点。但他不认为这些观点无疑抓住了必然会决定过去和未来的无可避免的定律（或者"铁律"）。对马克思而言，铁律能决定过去是因为过去的历史由人们创造，这些人并未意识到自己的活动会造成如此大范围的、如此重要的结果。但是具有这种意识的人类所驱动的未来会完全不同。

马克思用于揭示他认为的改革性变化的可能性的语言是引人注目的。他认为《资本论》是他的最高成就，他为《资本论》起的副标题是《政治经济学批判》。马克思在《资本论》（1867）第一版的前言中写下"资本主义生产的自然法则"，"不可避免的结果铁律"和"现代社会动力的经济定律"。总的来说，他满腔热情地支持他那个时期及其之前时期的经济取决于决定经济方向和命运的法则，无须考虑人们的意图或者意愿，这个观点可以追溯到李嘉图[1]、马尔萨斯[2]和包括史密斯在内的很多政治经济古典学派人物身上。但是在马克思看来，这个观点只有在某个世纪接近尾声之时才可能是正确的。在由马克思和弗里德里希·恩格斯共同创作却被马克思拒绝出版的早

---

[1] 李嘉图：英国古典政治经济学的主要代表之一，也是英国古典政治经济学的完成者。

[2] 马尔萨斯：英国教士、人口学家、经济学家。以人口理论闻名于世。

期作品《德意志意识形态》（1845—1846）中，两位作者总结了人类两种生存形态之间尖锐的区别。首先，人们"生活在自然形成的社会中"，在这个社会中，"特殊利益和普通利益存在差异"。这个历史时期的人类活动并非"自愿进行，而是自然而然划分的"，所以"人们自己的需求是一种反对自我的陌生力量"，而人类的联合动力则成为：

存在于人类之外的陌生力量，是人类忽视的起源和目标的力量，人类无法控制这些力量，相反，这些力量会经历一连串无关人类意愿和行为的阶段……

马克思和恩格斯提到，活动是自然划分的，而非自愿行为，这似乎映射了史密斯的劳动分工理念，劳动分工并未经过设计和计划，也未被任何人所预见，却成为协调人类行为的核心，也一直保留着这核心地位。他们观察总结道：

社会活动的固态，即将我们生产的物品变成超越自身客观力量的巩固行为，超出了我们的控制，阻挠着我们的期望，使我们的计算化为乌有，这是历史发展至今的主要因素之一。

马克思和恩格斯认为，他们在此指定的某个历史时期的"社会活动固态"与《资本论》和其他早期政治经济学家作品中的"自然定律"和"现代社会动力的经济法则"并非同一类现象。

相比这一生存阶段，马克思和恩格斯唤起了另一阶段，生活在另一阶段的人类自愿参与人类活动，而非由自然分配活动，人们也能控制自己的需求而不是被自己的需求控制。联合的人类意愿能决定劳动分工和劳工方向。个人的特殊利益不再脱离大众利益。总而言之，人们能够集体地控制他们整体的社会生活，通过他们的联合意愿决定人类历史的方向。

虽然马克思和恩格斯极度相信人类有潜力重建他们的社会，但是他们更广泛地认为人性，至少是欧洲人的人性处于逃避对具有不同思想意识的思想家们都赞同的表面的自然关系的服从的边缘。比如，约翰·斯图尔特·密尔经常批判把社会关系当作自然关系的倾向，他把反对这种倾向的战役扩展到另一领域，大多数和他同时代的共产主义者和社会主义者都未接触过这个领域，比如反对女性的服从。当然，关于改革的可能性，很多19世纪的思想家都采取比马克思或者密尔更中立的说法，而埃德蒙·伯克[1]等保守派思想家则集体为一种错误的观念辩护，这种观念认为自然即是人类如何看待自己的社会的一种有益属性。这些思想家的立场是这个世界和马克思所认为的世界并不一样，和密尔所认为

---

[1] 埃德蒙·伯克：爱尔兰的政治家、作家、演说家、政治理论家、和哲学家，他曾在英国下议院担任了数年辉格党的议员。

的世界直接相反。但是和科学革命、工业革命和法国大革命相关的年代编辑者和解读者一发不可收拾地开启了新的思考社会世界的方式，任何想在这场造就19世纪作家和其他人如何思考正义的会话中占据一席之地的人都不会忽视这点。随后蜂拥而至的事物最终将正义领域打磨成全新的形态。

亨利·西奇威克[1]是约翰·斯图尔特·密尔之后那个时代功利主义观点的领导者，最清楚明白地解释说明了新的思考方式会产生的问题。如果人类至少原则上能够从根本上重建他们的政治和社会（和经济）体制，那么在回答关于正义的关键性问题时，像休谟和康德等各类18世纪的思想家那样依赖人类生活的"自然"形式就没有意义。西奇威克在他的《伦理学方法论》中简单批判自然与正义关系的观点后提出这样一个问题："有没有一个清楚明了的原则可能带领我们找到人类的权利和特权、负担和痛苦等的理想化的正义分配？"

可能带领我们找到权利和特权、负担和痛苦的理想化的正义分配的一系列原则的理念经过发展可以用来评估社会整体机制，讨论如何在想要改革机制该之时进行改革，这一理念就是社会正义理念。亚当·史密斯的筹备工作使这种理念的传播成为可能，伊曼努尔·康德则意外地发现这种理念之外的领域。

---

[1] 亨利·西奇威克：19世纪末期功利主义代表人物，认为功利主义来自对"常识"的道德系统的反省。

但是只有脱离这些思想家，才能发明形成这个理念的概念和术语，先是以基本的方式，然后以更完善更尖锐的形式。西奇威克则提出了19世纪正义理念领域相关问题。

❀❀ 第 二 节 ❀❀

哲学家和批判家为这个问题提供了两种关键解答，这两种解答也成为社会正义理想化标准的两大主要选择。圣·西门前25年的大量作品里都暗示其中的一种解答。比如以圣·西门在1819年发表在《组织者》期刊上的作品为例。圣·西门要求他的读者考虑两件假设性的事情。首先，法国某天失去了三万重要的公民，包括国王的兄弟和贵族的一些高级成员、所有皇室的领导官员以及所有政府大臣和所有国家律师，总之是所有重要的政府官员以及天主教会领军人物和一万最富有的地主。法国将因此遭受巨大损失。但是圣·西门认为这个损失不会导致国家的"政治恶果"，虽然很多人因为失去这些杰出人物而伤心，但也纯粹只是感情上的伤感。

另一个假设是法国只失去了三千公民而非三万。但是这里的三千人包括国家杰出的科学家、艺术家和手艺人，从诗人、画家、音乐家到物理学家、化学家、医生和钟表匠，从农民、制革工人、亚麻布织工、硬件制造商到泥瓦匠、木匠、熔炉匠和商人。圣·西门认为这些人是最必要的生产者，对他们的市民同伴来说是最有用的人，也是对法国文明和繁荣贡献最大的人。如果同时失去这三千人，他认为法国将会即刻变为"毫无生机的尸体"。

圣·西门用这两种选择性的假设总结了两种人之间锋利的对比。一种是对国家生活和同胞康乐有贡献的人；另一种是完全寄生于别人的努力和贡献的人，在西门的判断里，这种人不仅无用，对国家而言更绝对是危害，因为他们消耗了本来可以投入到有益工作中的资源，也因为他们利用自己所能接触到的权力维持自己有缺陷的现状。后一种群体的声望表明"社会是个颠倒的世界"。国家运行的原则是贫者应放弃自己日常需求的一部分以供富者享有奢侈的生活；罪大恶极的人，比如经常抢劫自己同伴的人，有责任惩罚比他们社会地位低的未成年罪犯；无知懒散的人应管理那些勤劳的能人。

圣·西门批判的核心之一就是富者和贫者的对比，明显的是他坚决反对富者的财富聚敛要以贫者为代价，他认为这么做比抢劫好不到哪里去。但是他总结的主要对比是对社会有用有贡献的人和光消费不贡献的人之间的对比。后者说好听点只是没用的人，但如果作为统治者，就是害群之马。他攻击富者并不是因为他们富有，是因为富者依赖别人生活，未对公共福利或者其同胞做出任何贡献，他为有天赋的人和贫困者发声，因为这些人无法根据自己的贡献收割他们应得的奖励。在圣·西门理念中，正当正义的社会秩序建立的基础是赏罚原则，根据赏罚原则，人们应该接受的东西以他们对社会作出的贡献为基础。

圣·西门以论战者和改革者的身份，而非系统的哲学家身份进行写作，如果我们把他的观点称为正义原则的话，那么他的原则在思想上接近于康德私人权利理论的主题。回忆一下，这个主题就是人们之间的正义关系是平衡互惠关系。平衡互惠关系大致是说当人们接受与他们的付出等价值的物质（或者他们的付出和他们所接受的利益等价值）时，正义才会实现。圣·西门的原则远比康德的原则乏味得多。对康德而言，理清人们之间的关系是否符合平衡互惠标准的参考对象是本体意义上的人，而非现象意义上的人，前者是假设的，拥有完全自由的意识，后者满身是特殊喜好、情感、能力和其他经验主义的属性。圣·西门对这些形而上学的奇想没有半点耐心。对他而言，人就是普通的有血有肉的人，他们真实地播种，就应有真实的收获，这是他们应得的。至于他们播种什么、播种多少，就是他们的现实贡献问题，即他们的活动和产物有多有用的问题。

和大概两个世纪之后的马克思一样，圣·西门认为赏罚原则是社会主义原则。他认为，保证人们接受的报酬和他们对社会的贡献相称的最佳方式是社会产物（大致来说就是所有社会成员共同努力聚集的财富）由承担起引导全体市民生产工作的最终责任的公正的权威进行分配。总而言之，圣·西门是较早的技术专家治国的先知。但是并不仅仅只有社会学家和技术专家捍卫赏罚原则。很多人事实上都相信市场需求是对赏罚精确的衡量，至少市场可以进行完善。对于市场体制的完善（和相关自立能力）的热情在19世纪在大量有影响力的智者和改革者中间达到了一定的高度，且居高不下。社会学家和技术专家，比如圣·西门，在他们反对，很多时候是藐视只为少数人提供特权和特殊保护的古代政权（通过与法国大革命时期在法国盛行的等级政治和社会秩序相联系）时联合了自由市场和自由放任政策的维护者。很多加入这两大阵营的人都支持的观点是，当贡献是根据赏罚原则进行奖励时，正义才会实现。但是，关于如何构想"贡献"观念，两大阵营已然产生了分歧，更不用说实现社会正义的机制手段。

回顾一下，圣·西门认为对法国繁荣和公民幸福做出主要贡献的人包括诗人、画家和音乐家。在他那个时代，诗人、画家和音乐家因无法在开放的市场中以提供自己的服务和产品获得大量的收入而臭名昭著。这些艺术家基本靠富者好心的资助得以维持经济生活，甚至很多最著名最成功的艺术家都贫困地过完大部分的人生。对圣·西门而言，艺术家和类似的其他人在奖励凭借自由市场进行分配的制度下收到的回报甚少这个事实明显是这种分配制度的缺陷，而非艺术家没有作出贡献或者没有功劳的征兆。圣·西门认为补偿的方法是采取脱离自由市场原则的体制，这种机制依据赏罚进行等比例的报酬分配。不用说，自由市场体制和自由放任政策的拥护者以不同的方式看待问题。

　　虽然赫伯特·斯宾塞从各方面来讲都是奇特的思想家，但是他以最清楚的方式辩证性地详细说明了取决于自由市场机制的赏罚原则的大多数拥护者不甚理解的推理。斯宾塞认为正义理念包含两个要素，其一便是平等。如果每个人都不理会其他人的意见，只追求自己的目标，那结果将是无休止的冲突。认知到这个事实后，人们意识到他们需要限定每个人行为的自由，而经验表明这个限制应对所有人都一样。因此正义的其中一个因素就是每个人的行为自由受限于所有人都要接受的同等限制范围。

　　除了平等因素，斯宾塞认为正义理念包含的第二个要素，也是最原始的要素就是不平等。这个要素可以表达为"每个人应接受的利益和伤害都应归于其自身本质和必然行为"。这个表达是赏罚原则的一个版本。因为人的本质（即他们的能力和喜好）和行为各自不同，所以这个原则涉及不同的个人将接受不平等的利益和伤害，将享有不平等的结果。如果这个正义原则行得通，那么对社会有大量贡献的人也将得到大量的回报。只有少量贡献的人得到的回报也较少，施加伤害的人也将被报以伤害。

　　对斯宾塞而言，真正的正义概念包含这两个相互平衡的因素。如果在某个社会中，该社会成员因为每个人都能在与他人类似的有限行为范围内被保证自由而平等；且该社会成员承受的有利和有害的结果在价值上等同于他们造成的有利或者有害的后果，那么这个社会就是正义的。

斯宾塞认为这种相互平衡的结果在一种社会中会得到最好的实现，这种社会中的每个人都享有广泛的参与或者拒绝与任何人的交易的自由，除了受到相关团体的限制，其他强加的限制很少。换句话说，他认为由赏罚原则定义的正义在市场社会中能最好地实现。

斯宾塞关于市场社会中个人应享受到的自由范围的观点相当具有影响力，但是他关于合适的个人自由范围的理念在他那个时代并不独特。实际上，19世纪市场社会的热衷者盗用了亚当·史密斯构想的作为一种生产力组织模式的自然自由体系的概念，并把这种概念转化为社会整体关系模型。很多那个世纪杰出的理念都源自这次延伸。契约自由理念是主要的例子。这个可以被证明在19世纪60年代作为实践性话题达到顶峰（虽然进入20世纪后仍具有广泛的律法影响力）的理念建立的基础是不会限制私人团体之间达成必须遵守的契约自由，无论限制的理由是什么。私人团体通常在经常发生在工厂主和人工劳力之间的商谈和信息控制问题上遭遇到非常不平等的待遇这个事实，并没有阻止契约自由的拥护者们固执己见地认为，解除这类个人自由的限制将会得到基于赏罚原则的贡献奖励的正义分配。

这个新概念的意识形态核心是社会关系应该是私人个人意愿的产物，而非与个人的愿望背道而驰的规则和规矩所限制的产物。和马克思一样，市场社会的拥护者也意图解除"外来力量"的限制。然而马克思相信这些力量只有在由全体成员的集体意愿（他认为这种集体的意愿会在后资本主义社会出现）统治的社会中才能被战胜，而市场社会的拥护者认为只有当个体根据他们的特殊意愿自由行事，且除了受到对允许他人有足够的自由做相同的事的需求的限制外并无其他限制时，这些力量才能被完全战胜。对于这些思想家而言，理论上个体只承担他们在自愿协议下同意承担的义务。

当然，即使是最狂热的市场社会支持者也不会将这种理想化扩展至所有的社会关系类型。几乎所有的市场社会拥护者都把这种高度个体化的社会关系视为正义的社会固有的特征，认为有些人类生活的领域不应涉及这种社会关系。斯宾塞自己尖锐地对比了国家范围和家庭范围。一个国家的社会关系应建立在自由个体之间的自愿协议之上。基于赏罚原则的正义理念适用且仅适用于这个范围。然而家庭应受不同规范的调控，这些规范肯定了积极响应个人需求的价值。在斯宾塞看来，家庭的伦理学涉及家庭成员在为平等的结果奋斗时遭受的不平等对待，然而，稍大规模的社会或者国家的伦理学涉及不可避免地会造成基于赏罚的不平等性的不平等结果的平等对待。

但是斯宾塞最初的兴趣和几乎所有的市场社会拥护者的兴趣一样，是家庭以外的社会关系。和很多斯宾塞同时代的杰出思想家一样，斯宾塞也认为他生活在一个社会道德基础断然

会发生改变的时代。在所有这些思想家的观念里，过去的社会
关系已被一代代传承的习俗所支配。塑造这些关系的习俗决定
式模式反对有意图的选择，通常来说只有在平时无法察觉的代
际进程中才会逐渐发生改变。对于斯宾塞和很多他的同辈人而
言，过去对现在的呆板支配在他们自己的时代似乎已经终止。
他们相信未来的社会关系将主要由私人依据他们的意愿达成的
协议塑造。社会关系的基础似乎经历了重大的，也可能是永久
性的改变，从身份地位到契约的改变。

那么赏罚原则可被理解为社会主义原则或者自由主义原
则，前者由有能力的正义的权威依照集体定义的赏罚概念进行
分配报酬而得以实现，后者通过个人尽可能自由地与他人进行
交易以及各自收获他人自愿授予的回报而得以实现。从另一种
方式理解，尽管赏罚原则和亚里士多德、康德以及其他人先前
表达的理念密切相关，但是赏罚原则似乎意味着彻底打破古代
政权的惯例，真正地打破了过去所有或者几乎所有社会流行的
惯例。

❧ 第 三 节 ❧

为社会正义理想化标准指定的赏罚原则在19世纪主要被替
代为需求原则。在19世纪变得著名的"从每个人根据自身的能
力到每个人根据自身的需求"这条准则被认为是19世纪思想家

和活动家路易斯·勃朗的功劳，虽然已经明确这个准则背后的关键理念能够追溯到18世纪中期或更早。任何情况下都按需分配财富的理念从18世纪90年代开始流行。18世纪90年代中期，在《第三年宪法》（1795）废除了大革命时期早期的基本民主原则后，弗朗索瓦·诺尔·巴贝夫[1]帮助建立了政治社会。（弗朗索瓦·诺尔·巴贝夫的笔名格拉古·巴贝夫源自古罗马共和国时期圣普罗尼乌斯家族的分支，这个分支因社会改革家提比略·格拉古和他的兄弟盖约而出名。）政治社会主要目标之一就是为所有的法国公民寻求经济和政治平等。1796年春，这个政治社会发布了一则号召"平等共和国"的宣言，以期废除个人的土地拥有权以及建立为所有人提供相同教育的教育体系等。1797年，巴贝夫因试图密谋推翻政府被捕，在他被宣判之前和在后来的执行路上，他在进行自我辩护时发表了事先准备好的令人难忘的漫长演说。巴贝夫的理念并非原创。18世纪90年代或者更早时期的法国非常流行平等主义，甚至是共产主义理念。但是巴贝夫的雄辩和他的殉难上演了一出传奇，这个传奇在以需求为基础的社会正义理念发展中起到关键作用。

大概就在巴贝夫行刑时，康德最杰出的追随者之一德国哲学家约翰·戈特利布·费希特得出了和巴贝夫类似的结论，这

---

[1] 弗朗索瓦·诺尔·巴贝夫（Francois Noël Babeuf）：法国革命家、空想共产主义者。

个结论的基础是更激烈的哲学争论。费希特采取和康德运用原始契约一样的方式争论说，国家应保证每个人都能依靠自己的劳力生活。如果国家无法兑现这一承诺，那么主体"就无法完全得到属于他的东西"，而"关于他的契约会被彻底抹掉"。费希特通过宣称"理性"的国家要确保将物资分配给所有公民，让每个人都能够拥有合适的生活，而每个公民"都有权利"获得足够的物资份额，在之后的作品中重新确立并辩证性地加强了这个观点。

18世纪发展的一些理念为需求原则提供了力量。如我们所见，托马斯·霍布斯、大卫·休谟和亚当·史密斯都曾认为几乎所有人在能力上大致平等，他们的技能和成就的不同几乎完全是教育和社会化所致，而非天生的才能。霍布斯和休谟都不认为这种才能的平等在正义问题上是指所有人拥有平等的物资，或者他们的需求应得到平等的满足。而比起这两位思想家，史密斯似乎在巨大的不平等问题上感到更加困扰，他并不认为拥有权或者需求满足的平等性能够和他珍视的自然自由体系进行协调。但是对于很多19世纪的思想家而言，才能平等和需求满足平等之间的联系似乎很明显。如果通常来说并没人天生比他人更有能力，那为什么有些人会比他人积累更多的社会利益呢？从这个逻辑来看，有时认为需求原则和赏罚原则一致，并不敌对。

可以从无论人类天生的能力和才能多么平等或者不平等，

严格来说所有人都拥有平等的价值这个假设中总结出另一种逻辑。我们知道这个假设是康德正义理论的基础。实际上，作为对需求的平等满足的正义理念接近于康德的公共权利理论，而从某些形式来看，是该理论的直接派生物。公共权利理论的主要因素是原始契约理念，它告诉我们，如果人们整体都不同意原始契约中的某项法律，那么这项法律就被视为不正义。虽然康德强烈反对正义需要平等的拥有权（很大程度上是为了针对法国大革命后给法国留下大量阴影的一大堆激进理念），但是他同样也强烈支持如果国家允许有些成员被剥夺获得所需的必要手段，那么这个国家就是不正义的，因为这样的国家建立的基础永远不可能是原始契约中的通用协议。随着时间的推移，康德式的平等价值假说在一系列社会正义理念中脱颖而出，赢得了比休谟和史密斯的才能平等假说更加杰出的地位。

也如我们所见，史密斯的亲密读者卡尔·马克思借鉴前辈们的观点，拒绝认为正义理念是具有潜在建设性的观念，并且他的一生，从早期发表论文"论犹太人问题"（1843）到创作"哥达纲要批判"（1875），都在这么做。所以人们可能会误认为马克思是基于需求原则的社会正义理念的支持者。但是重要的是思考马克思拒绝正义理念的原因。马克思不断将正义和权利概念联系起来，又将权利概念和他认为的资产阶级社会联系起来，资产阶级社会形式下的社会成员认为每个人都如同"单细胞生物"，他们是分散独立的个体，而非相互依靠的整体。马克思将系权利概念和私人财产概念密切联系起来，认为权利天生注定保护不平等性。要是社会正义通过费希特设想的方式，即通过国家执行的权利得以实现，那么马克思就不是社会正义的支持者。马克思认为国家本身是大型社会问题的一部分，他希望社会革命性的改变能够解决这个问题。

尽管如此，马克思强烈拥护以上提到的"从每个人根据自身的能力到每个人根据自身的需求"这条准则。马克思在其于1875年完成的著名的纲领性信件中思考并拒绝将赏罚原则作为理想型物资分配的基础。在思考了他希望发生的从资本主义社会到共产主义社会的转变后，他声称：

> 我们这里所说的是这样的共产主义社会，它并非在其自身基础上得以发展，恰恰相反，它刚从资本主义社会中产生，因此在经济、道德和精神等各个方面都还带着它脱胎出来的那个旧社会的痕迹。于是，经过推演，个体生产者接受来自社会的支持，正如他们对于社会的贡献……他们给予社会的劳力现以另一种形式等量地回馈给他们。

马克思把赏罚原则（贡献原则）当作是社会主义原则，他认为社会主义是通往共产主义道路上一个必经的阶段。但是对他而言，社会主义只是理想社会道路上的一个阶段，相应地，社会主义建立的基础，即分配原则，是有缺陷的：

但是没人比他人拥有更优越的躯体或者精神，所以在相同的时间里，不会有人提供更多的劳动力，或者不会有人提供更持久的劳动力……（贡献原则）默认不平等的个人天赋，因此也默认生产能力是自然特权。所以，不平等的权利和任何权利在内容上是一样的。

马克思用需求原则替换贡献原则："从每个人根据自身的能力……"确实，他不认为这条准则是社会正义原则，因为他不支持这条准则描绘的结果应通过国家执行的权利得以实现。相反，他认为在物资丰富的人类社会中，人类会根据需求原则对待每个人，不会被专制的国家强迫。但是，无论马克思自身和探讨正义之间有多远的距离，在19世纪支持基于需求原则的社会正义理念的人物中，马克思最具影响力（虽然这是我们的看法，并非他自己的观点）。

只强调"从每个人根据自身的能力到每个人根据自身的需求"这条准则的两个部分还远远不够，对赏罚原则来说也是如此。赏罚原则本质上是指人们享有的利益或者他们遭受的伤害应在价值上等同于他们所作的贡献或者他们施加的伤害。我按经济领域的表达方式称为需求原则的原则同样也规限了人们应作出的贡献和他们应接受的利益。但是，需求原则打破了赏罚原则维持的贡献与利益之间的联系。

是有可能在需求原则和互惠互利概念之间建立一定的逻辑关系的。如我们所见，作为需求的平等满足的正义理念被视为是康德的公共权利理论的派生物。对康德而言，原始契约理念，即一个假设的协议，在这个协议中，国家成员在回报对自身权利和需求的保障时为自己的同伴承担起一定的义务，是隐藏在所有公共权利背后的原则。所以至少乍一看，认为需求原则是社会成员之间互惠互利关系的产物似乎是合理的。

但是要记住很重要的一点，因为这条逻辑链上的协议形式是假设的，所以可能会有多种解读。当一个人思考两人或者多人之间可能会形成的假设协议时，他认为这些团体达成的条款很大程度上取决于一系列不包含在协议本身里的假说。如果互惠互利是假设的，那么互惠互利的含义就不明确。如果互惠互利概念和需求原则有关，那么这个关联也是脆弱的。

更有理由认为需求原则是目的论原则而非建立基于互惠互利的原则。需求原则关于贡献的部分，即前半句"从依照每个人的个人能力"，和关于利益的部分，即后半句"到依照每个人的个人需求"是相互独立的。这个原则的每个部分都有自己的（部分）目的，虽然明显的是没有贡献就没有利益，但是需求原则的某一部分可以被改变，不会影响这个原则另一基础部分。（比如，我们可能会提出的原则是"从依照每个人的个人能力，到依照每个人的个人谈判能力"。）在这种结构中，作为社会正义原则的需求原则看起来更像柏拉图式的正义概念或者功利主义的正义概念，而非建立在从古巴比伦时期开始到亚里士多德时期及之后都主导着大多数人的正义思想的互惠互利概念基础上的正义理念。

❧❧ 第四节 ❧❧

19世纪出现的两大杰出的社会正义原则，即赏罚原则和需求原则之间存在根本的分歧。即使人类才能大致平等这个说法本身正确，但是也不能断言几乎所有人对他们的同伴作出的贡献大致平等就是事实。另外，人们之间分配的需求并不平等。很明显，对社会生产贡献最大的人通常来说并不是需求最大的人。如果依照19世纪的赏罚原则支持者的看法解读赏罚原则，那么赏罚原则就是权利和特权、负担和痛苦理想化的正义分配，这种分配和依据需求原则产生的分配完全不同。再者，赏罚原则直接建立在互惠互利概念之上，然而需求原则明显不是。

这两个社会正义原则之间的对比处于拿破仑战争之后打破欧洲表面的平静的巨大社会冲突的中心。无论从社会主义还是自由主义角度进行解读，赏罚原则促成了古代政权崩塌后突然涌现的中产阶级成功者。这些人中很多都认可圣·西门的洞察力，即如果某个阶级的人通过继承特权和小心翼翼地维护特权维持自己的地位、获得利益，那么这个世界就是"颠倒的世界"。对这些思想家而言，不证自明的似乎是对社会生产贡献最大的人应分配到最多的产物，其他的分配原则都会阻碍进步。

相比之下，需求原则关注的是并未得到那么多眷顾的社会成员，这些社会成员没有才能，或者（更常见的是）他们没有机会培养自己的才能，或者即使他们将自己的才能培养成生产技能，他们也没有商谈能力去收获他们的才能所促成的全部利益，这使他们落后于比较宽裕的同伴们。这两个原则都和古代政权的象征世袭特权政权对立，但是他们也彼此对立。

每个原则都有主要的反对意见。作为社会正义标准，基于贡献的赏罚原则面临多重困难。

首先，在根据赏罚原则构建的商业社会中，赏罚原则暗示的内容有些隐晦。商业社会关键的特征之一就是复杂的劳动分工，在亚当·史密斯敏锐的观点中，劳动分工是这样的社会中最重要的生产力资源。无意识的集体发明鼓励个人发展多样的生产才能，否则才能永远只是一种潜在的存在，无意识的集体发明也将这些人的努力转变为能够进行大量生产的有效机器，从这个意义上来说，如果劳动分工本身是社会生产的几乎所有物资的来源，那么这个社会的财富本质上是社会产物，而不仅仅是独立生产者生产的大量产品的聚集。但是如果从这方面来说社会财富是社会产物的话，那么就难以再说这些产物的正义分配就是个人赏罚原则描述的分配。人们的生产能力和表现成就了他们自己，只是因为他人的能力和表现和他们互补、相互支持。没有这些他人，任何个人的才能和努力都不可能有结果。

第二个相关的困难是赏罚原则遭遇了一个循环。这个反对意见可以通过类比社会正义方面的赏罚和游戏中的赏罚举例说明。

一个极度高产的足球射手通常来说比一般的团队球员对团队的成功贡献更多。因此，我们也许这么总结，比起一般球员，这个高产的射手更值得赞扬（也许值得更大份额的其他奖励）。但是，这个射手的贡献之所以能被称为贡献是因为有明确的目标，即赢得比赛，也因为有规则和条件讲述如何获得这个目标，即在复杂的系列规则下比对手射进更多的球。如果我们对这个比赛目标有不同的理解（比如我们可能假设这个比赛主要的目标是提升两队成员之间的礼仪），那么对于贡献的意义我们就会有不同的看法，因此对于应得赞扬的基础也有不同的看法。如果这场比赛的规则和条件发生显著的变化，那么使杰出的足球射手获得成功和认可的能力和技能就不再是我们所熟知的那些，而会变成其他能更好地适应这个重新定义的比赛的能力和技能。只有在这些参数所定义的框架下才能对比赛中的赏罚进行评估。

相同的观点也适用于社会正义方面的贡献和赏罚理念。某项活动能否被称为贡献只能依照明确的目标或者系列目标，不管这些目标是社会个体成员集体决定的还是分别决定的。这些个体作贡献时使用的专业能力和技能取决于在这个社会中塑造社会活动的规则和条件。尽管有时会争论说赏罚是自然的或者是"前政治"的观点，意味着我们对人们进行赏罚和特定的规则或者机制设定无关，但是对于某些赏罚而言，获得赏罚的行为由习俗或者社会机制决定，这种情况下，这个说法就没有说服力。大多数声称和社会正义有关的赏罚都是这类赏罚。

对于评估社会整体机制和社会安排的理想化标准的诉求是社会正义理念的一部分。但是赏罚原则呼吁的标准是依照能采用这些标准的社会的目标、机制和社会安排等不同情况而定的。不同社会重视不同目标，无论是集体的目标还是每个成员单独的目标。比如，有些看中荣誉，但是其他更看中奢华，但这两个目标并不是全世界仅有的选择。甚至当不同社会重视大致相同的目标时，它们追求这个目标的条件也因以不同的方式影响个人做出巨大贡献时采取的才能和技能而有所差异。比如，一个是安全经常受到威胁的社会，一个是使阿尔伯特·爱因斯坦取得英雄地位的20世纪时期的社会，能让战士获得广泛尊重的属性在这两个社会中并不一样。赏罚原则不能作为独立评估社会机制和惯例是否正义的充分理想化标准，因为它涉及的赏罚类型实际上和这些机制完全无关。

目前看来，只要认为赏罚原则是权利和特权、负担和痛苦理想化的正义分配的唯一基础，这些反对的理由就具有决定性，但是这些理由对于赏罚概念本身来说并不致命，也无法证明在考虑成熟的社会正义概念重要的因素时应将赏罚排除在外。相对而言，一些赏罚的形式脱离复杂的劳动分工和社会习俗。如果两个人相对平等，而其中一人带给另一人令人愉悦的上层服务，那么当这个受益者有能力回报这个人又不违背其他重要的责任时，这受益者的回报行为就是正义的。一定程度上来讲，这种情况和惯例无关，第一个人获得的奖励是应得的是因为他或她提供的服务。所以，尽管赏罚原则不像社会正义原则那样成熟，但是赏罚概念具有一定的说服力，这是任何成熟的社会正义概念都不应该忽视的。

赏罚原则遭遇的第三个困难，也是最严重的困难是，在一个利益和负担严格依照赏罚原则进行分配的假定的社会中，很多人会因为贡献少或者干脆没有贡献而收获很少利益或者不会收获任何利益。很多人会遭受严重的剥削；因此他们中的很多人会过早死亡。

这样的暗示并没有使马尔萨斯和斯宾塞这两位19世纪早期和后半期杰出的赏罚原则拥护者各自感到不安。有些人可能会认为尽管这个暗示表明赏罚原则可能是冷酷无情的，但是在正义方面它完全没有造成任何问题。但是如果所有人至少拥有一定的价值，即使不是所有人拥有平等的价值，如果正义概念有益于评价人类活动和社会安排，那么赏罚原则的这个含义可能是对赏罚原则最强有力的反驳。

如果赏罚原则似乎不足以作为社会正义原则的基础，那换成需求原则也一样，需求原则也会遭遇极大的反对。

需求原则面临的困难之一是需求概念无法带我们走得很远。一个人生存所需的东西，当然包括可呼吸的空气、可饮用的水和充足的营养，很重要但是相当微小。一个人健康长久生活所需的东西更加宽泛。最后，一个人想要有尊严地生活所需的东西范围更广，还要考虑文化差异。亚当·史密斯发现在他那个时期的英格兰，即使是社会最底层的人也无法毫不羞愧地出现在公共场所，除非他有亚麻的衬衫和皮革的鞋子。但是，即使以相对广泛的方式定义需求，将个人的受人尊重又有尊严的生活所需的东西包括在内，也只需将多产社会中的一小部分社会产物来满足几乎所有人的需求。这种理解方式下的需求原则只能是部分的社会正义原则。

所以，我们必须求助其他标准来补充单纯的需求原则。很多需求原则的拥护者，从巴贝夫到路易斯·勃朗再到马克思等都在自己的作品中对这个标准，即平等性，进行了详细说明。上述所有人的需求都得到满足后，社会产物剩下的部分应以平等的份额分配给社会的每个成员。（可能是以私人财产形式，但更有可能是通过所有人都能接触到的公共物资供应，比如公园和公共社会生活中许多其他的福利设施。）

平等性标准主要的困难是，在社会成员的基本需求满足后，在进行平等份额的社会产物分配时要求对这些产物贡献最大的成员大量放弃自己的那部分。如果人们和他人之间的关系大体上互惠互利，人们通常会觉得他们的关系是正义的。他们有理由期望收获对他们劳力的奖励。由平等性标准补充的需求原则会否认这些奖励。因为那个原则断定可以不用考虑人们对他们的社会和社会成员所作的贡献进行社会产物分配。作为社会正义的唯一原则，由平等性标准补充的需求原则剥夺了人们的劳动成果，打破了人们对公共社会产物所作的贡献和能够增加他们利益的产物份额之间的所有联系，并将互惠互利观念排除在正义领域之外。

与赏罚原则不同，需求原则在将互惠互利观念从正义领域驱逐出去的过程中也切断了社会正义和惩治型正义之间的所有联系。回忆一下，斯宾塞对于赏罚原则的解释是"每个人应根据自身的本质和相应的行为接受利益和伤害"。这个说法暗示了更宽泛的社会正义原则下的惩治型正义。如果这些对社会生产有贡献的人接受作为对他们美德的奖励的利益，那么这些对自己同伴施加伤害的人应想到他们会受到作为对他们劣性的报复的伤害。在赏罚原则的情况下，惩治型正义原则是更宽泛的社会正义原则的组成部分或者必然结果。

需求原则不包括这类组成部分。很多将作者生涯延续到20世纪早期的19世纪需求原则拥护者，从世纪更换之前的巴贝夫到世纪中叶的马克思，再到克鲁泡特金，都认为犯罪是严重缺陷的社会生活形式的一部分，当这种社会形式消失，犯罪也会跟着消失或者至少会减少。这些思想家似乎没有考虑到将这些严肃的思想融入正义和犯罪关系中的重要性。

赏罚原则从正义的各个方面无差别地扩展了认为利益提供者最终会得到相同形式的利益回报，伤害施加者会被报复同样的伤害的平衡互惠概念。但是平衡互惠概念无法承担社会正义理念施加的影响。就像手铲一样，平衡互惠概念是一种不受时间影响的工具，它曾经有益于我们对正义的思考，也将在我们能够想到的时间里继续有益于我们对正义的思考。但是为了重建正义的整体领域，需要更大型的设备。平衡互惠概念在塑造人们之间正义关系这点上起到关键作用；但是至少就其简单形式来看，还不足以评估社会正义的整体领域。

需求原则完全摒弃了互惠互利概念。虽然这个原则提出的假说，即每个人类拥有价值，是任何可靠的正义概念的基础，但是它这么做是以逐渐削弱人们之间关系的正义为代价。

解决这两个原则造成的困难的方法之一是彻底重新看待社会正义理念。有人可能会说正义概念是专门为人们之间的间断式交易设定的，用在社会机制和社会整体的安排中并没有意义。或者有人会说虽然我们确实能够评估社会机制和社会安排的正义或者不正义，但是这种评估只有建立在这些安排中已无处不在的标准之上时才有意义，所以独立的理想化社会正义标准这样的理念没有任何意义。

第一种解决方法使我们放弃塑造我们的社会这个职责，事实是我们有意识地故意这么做，虽然是通过忽断忽续的反复试验，虽然有成功也有失败。第二种方案虽然支持我们有责任塑造我们传递给未来的社会，但是却坚持认为我们的认知如此有限，所以我们只能在当下能够想象到的局限之下这么做。这种坚持被关于人类创作力和创造性的记录所掩饰。

对于这些困难的另一种解决方案总结起来就是不应对所有主题都只采用单一的一种正义原则。19世纪兴起的社会正义理念彻底改变了正义形势。虽然有理由认为针对其他不那么重要的任务发明的工具不足以理解或者重塑那个形势，但是发明新工具使我们有能力处理社会正义新优势带来的挑战。为了给新任务配置新工具，我们不必废弃长期以来似乎足够用于更一般性目的的工具。

从广义的角度来讲，以上观点描绘了20世纪哲学家约翰·罗尔斯试图用于浏览最新发现的社会正义领域的路线。现在让我们折回去看他的路线中一些主要的转折点，对他最后到达的目的地做一下调查研究。

第八章

作为公平的正义理论

第 一 节

　　20世纪中期，约翰·罗尔斯开始研究一系列快速使他构建新社会正义理论的中心理念的问题。他的研究从20世纪50年代到60年代期间都保持稳定，他的努力最终促成了《正义论》一书在1971年的出版。这份长期细致的研究立马给学术政治哲学和其他领域造成了巨大的影响，有部分研究在即将完成的那些年已经开始在学者之间传播，这研究形成的一系列问题和问询比20世纪任何其他的社会正义理论中收集的问题涉及的范围都更加广泛。罗尔斯把他的理论称为"作为公平的正义"理论。对这个理论的发展和后期的详尽阐释占据了他的整个学术生涯，从1951年他第一次发表论文延续到2000年，即他去世前两年。正如人们所想，罗尔斯的思想在他潜心研究的近半个世纪中不断得到发展，这个理论的概念在20世纪80年代取得特别重大的突破。由于篇幅有限，我应该忽略大部分的这些发展，关注这个理论多种观点中相对稳定的关键特征。

虽然罗尔斯也注意到一系列聚焦赏罚概念和需求概念的社会正义理念，但是他主要批判的是功利主义，在他看来，功利主义彻底支配着关于社会机制和政策的讨论，排除了其他关键的思考方式。罗尔斯对功利主义理论有一些抱怨。首先，他认为功利主义并没有为自由提供足够的保护，一些情况下，使大多数人幸福的最好方式可能是剥夺少数人的自由。如果大多数人的幸福的总计大于少数人失去的幸福，那么根据最大化幸福原则，少数人失去的自由是正当的。对罗尔斯而言，这个可能性本身就足以说明最大化幸福原则的不足之处。

像这种情况是一个极具争议性的问题。但是至少这种情况是有理有据的，而且在反对功利主义时，罗尔斯想到的都是重要的历史事实和史学原理。罗尔斯成年后，他深刻意识到祖籍欧洲的美国人强加的贯穿非洲人和他们几代子孙的奴役生涯的不正义。每当他到访华盛顿，总要参观一下林肯纪念堂，为的是记住这种习俗的堕落性及废除它的重要性。对他而言，任何无法为自由提供足够保护的正义概念都有致命的缺陷。

罗尔斯也认为功利主义的基础是好的一元论概念。他在此想到的是功利主义理论将幸福当作唯一衡量人类康乐的最终标准，却并未意识到人类有多种多样的兴趣，会追求不同的目标，而幸福可能只是其中之一这个事实。罗尔斯其中一个观点和康德的论点非常相近，即人类自由才应是正义理念的焦点，而不是幸福。对罗尔斯而言，一个重要的，甚至是基本的事实是人类有多种多样的（他所谓的）关于好的概念。有些人可能觉得幸福的一生是人类能够拥有的最好生活，所有其他的生活目标基本上都服务于幸福这个目标。其他人可能认为最好的人类生活是符合一些特殊概念的完好一生，即使这样的生活要以幸福为代价。关于怎样的目标或者目的对人类生活而言才是适合，其他人可能会有不同的看法。罗尔斯认为功利主义没有考虑到所有种类的人类目标（或者说好这个概念的所有可能性），因此功利主义并未意识到人类自由构想并拥有好的"多元化"概念（多元化是罗尔斯和很多其他新近作者的说法）的与众不同的能力。

这种对功利主义的批判可能理由并不充分。罗尔斯自己似乎也意识到这个理由不可能适用于所有形式的功利主义理论，所以相应地，他把主要的批判目标定义为"古典"功利主义理论，即他认为的边沁、密尔和西奇威克描述的功利主义。但是，即使罗尔斯的观点只针对这些理论家，还是有理由质疑罗尔斯。如我们所见，边沁意识到并试图在功利主义理论范围内容纳人类有"奇特"价值这个事实；约翰·斯图尔特·密尔也做了同样的事。至少面对这个批判时，一些功利主义作家可能并非像罗尔斯认为的那样不堪一击。

更通俗来讲，罗尔斯不满功利主义是因为功利主义并没有把正义必须要涉及的分配问题当作核心问题。事实上，一般来说，功利主义理论关注的是集体人类的康乐，而非正义。这些理论家发表的任何关于正义的观点通常都是从集体功利主义演化而来，为集体功利主义服务。相比之下，罗尔斯认为正义问题是我们能够问的最重要的社会机制问题。他在《正义论》开篇中声称，"正义是社会机制首要的美德……不管律法和机制多么有效多么妥当，如果不正义，就必须进行改革或者废除"。而"有效"和"妥当"暗指罗尔斯首先要尝试挑战的功利主义美德。他经常断言功利主义理论的中心概念是，什么是好，然后才衍生出什么是对，然而在作为公平的正义理论中优先考虑的是对的而非好的，他由此表达了他的理论和他主要对手的理论之间的不同。

鉴于功利主义是罗尔斯的首要批判目标，那么值得注意的是实际上罗尔斯在他早期的论文"两个规则概念"（1955）中用有限的篇幅维护过功利主义。我们会发现，有一点对于功利主义的反驳是令人熟悉的，即有些观点对功利主义者而言既可以用来断定对罪犯的惩罚也可以断定对无辜人的"惩罚"，如果这意味着是对社会的好作出的贡献。罗尔斯争论说这个反驳并不恰当。

虽然罗尔斯在这篇论文的批判中在一定程度上维护功利主义，但是正如论文标题所示，它的主要目标是区分两种等级的规则观点，表明道德观点上的困惑源自无法发现这种区别。罗尔斯争论说对于常规的解释和对于该常规范围内行为的解释之间存在着关键的不同，这种情况下，特别要区分对于惩罚常规的解释和对于该常规范围内行为的解释。也许可借助最大化幸福原则解释惩罚常规。但是该常规范围内的行为只能由构成该常规的规则，而非直接由最大化幸福原则进行解释。构成惩罚常规的规则是惩罚性规则，而非（直接是）功利主义规则。所以，根据罗尔斯在这篇论文中的观点，在批判功利主义维护对无辜的人的惩罚时，功利主义并非不堪一击。（他认为）这个错误的批判不适宜地将应该用于惩罚常规的功利主义标准应用于应由惩罚性标准而非功利主义标准判断的惩罚行为。

　　尽管罗尔斯在上述批判中对于功利主义的维护并不能完全令人信服，但还是该注意他论文中有趣的地方，原因有两点。首先，这篇论文揭示之后罗尔斯作品中确立的本质倾向。罗尔斯以最严谨的态度对待功利主义。他认为功利主义是评估他那个时代的社会机制和政策的杰出理论，并一直把功利主义当作是除他自己的作为公平的正义理论外最强劲的角逐者。他没有给予惩罚主义同等的尊重。在这篇论文的讨论中，乍看他是把功利主义和惩罚主义当作竞争对手。罗尔斯用少量篇幅表示惩罚主义无法解释惩罚常规。但是他争论的是功利主义者和惩罚主义如何看待劳动分工：他说功利主义观点提供了可能判断惩罚常规的基础，而惩罚主义观点则判定该常规范围内的行为。根据这个观点中的概念，我们可以认为功利主义是对立法者考虑惩罚常规的构成规则时应接受的观点的描述，而负责采用这些规则的判官则借助于惩罚主义观点。因而可以判断"功利主义的观点更为基础"。即使惩罚主义看起来是"自然"的领域，罗尔斯也不考虑惩罚主义，他认为惩罚主义是基于互惠互利概念的关于不道德行为的观点，是一个衍生出来的位居第二的观点，它虽然有自己合适的位置，但只能从属于他认为的更全面更基础性的理论。罗尔斯从未认真解释过是什么原因导致他的这种漠视。

罗尔斯论文第二点有趣的地方是他举例证明了他整个事业生涯中一直坚持的一个策略。他并不是简单地反对惩罚主义。他反而认为惩罚主义仅次于功利主义，因为功利主义更广泛。对罗尔斯而言，惩罚主义是有效理解惩罚的方式，但是角度受到高度限制，因为负责实施立法的人认识角度有限。这种理论策略明显使我们回忆起黑格尔在他主要哲学作品（第一部是1806年的《精神现象学》）中有效利用的方法，这个方法对于罗尔斯作品创造的权威形象贡献很大，也被当作是一种样本，用来反复反驳那些似乎与罗尔斯观念冲突的观点。

❖❖ 第 二 节 ❖❖

罗尔斯对他理论主题的描述是社会的"基本结构"。一个社会的基本结构包含基础经济结构、主要的社会安排和主要的社会机制，比如政治构成。生产和竞争市场方面的私人财产机制是一些社会经济结构的关键组成部分，然而有些社会的基础是生产手段的共同拥有权和中央管制经济。一些国家的政治构成为思想自由和意识自由提供强效的律法保护；其他国家则没有。在很多社会中，一夫一妻制的家庭是基本的社会机制，但是在其他社会中，一夫多妻制的家庭几世纪以来都代表着主要的社会安排之一。

那么社会的基础机构不包括哪些呢？罗尔斯在很多选段中特别关注两种类别的事情，这两类事情可以被说成是正义或者不正义的，但却都不是他理论的主题。其中之一包括调节私人互动和交易的规则，比如调节契约型协议的规则和适用于私人关系的规则。另一类别则涉及个人行为和交易。这些事情当然可以被说成是正义或者不正义的，但是它们不是罗尔斯理论的主题。罗尔斯的话题是社会正义，在他看来，社会正义理论恰当的主题是社会的基本结构。

为什么要关注社会的基本结构呢？罗尔斯主要的论点是构成社会基本结构的机制和常规决定该社会成员能够在生活中做到多好，不论是从绝对价值角度还是和从别人进行比较的相对价值角度来说。事实上，最精确来说，罗尔斯理论的真正主题源自社会基本结构的优势分布，而不是基本结构本身。在定义基本结构是他的正义理论的首要主题时，罗尔斯实际上采取的观点是正义是社会领域首要的属性。对罗尔斯而言，正义理念主要决定社会中强者和弱者的定位情况，而不是人们之间的关系特征。

我们能够从以下选段中发现罗尔斯聚焦基本结构时采取的论点额外的一些特征：

基本结构是正义的首要主题，因为它的影响深远，而且从一开始就存在……生而具有不同地位的人抱有不同的生活期盼……社会机制从一开始就会眷顾特定的起点。这些……不平等……影响人们生活中最初能接触到的机会；然而，它们是不可能靠赏罚这类概念来证明其为正当的。

这个选段解释了重要的两点。第一，当罗尔斯争论说基本结构是社会正义理论恰当的主题时，明显他对于不平等的思考是关注人们生活机会的不平等，是人们可利用的不同机会的不平等，而不是最终的结果。罗尔斯在此讲述的是人们"与生俱来"的不同定位，他们"最初位置"和"最初机会"的定位。第二，选段暗示的是罗尔斯关心的是主要社会机制如何塑造个人的愿望和期盼以及这些机制如何划分优势这个事实（在之后的讨论中会显得更加清楚）。即使人们接触的客观机会相似，但是有些人因其拥有较低级的愿望和期盼，在生活中就是做得不如他人。社会基本结构塑造了这些愿望和期盼，而在罗尔斯看来，人们主观上的差异和机会的客观差异一样令人担忧。

罗尔斯聚焦基本结构的论点暗示赏罚观点的不足之处。尽管他批判的首要目标是古典功利主义，但他同样批判物质应按照道德赏罚进行分配。探索他讨论这点时的错综复杂会偏离我们的主题，但在此值得注意的是罗尔斯曾经在尝试解释惩罚主义背景下的惩罚常规时漠视赏罚，在此他也否认赏罚是社会正义的基础，但是这前后的方式并不一样。罗尔斯本质上是用真正的合理期望概念替换赏罚概念，期望概念把社会成员应得的物质和他们对社会作出的贡献分离开，就如同"从依照个人能力到依照个人需求"原则切断任何贡献和利益之间的联系。

对罗尔斯而言，基本结构不仅仅是正义理论多数可能的主题之一，社会正义也不仅仅是正义类型的众多可能之一。社会正义以最全面最基础的方式替代正义。罗尔斯设想适用于基本结构的正义原则和适用于所有主题的正义规则或者标准之间的分工。这种智力分工类似于他曾经构想的用功利主义解释惩罚常规和用惩罚主义解释组成该常规的规则之间的分工。社会正义原则不同于适用于所有其他主题的规则和标准。所以罗尔斯才会说"我们日常生活中思考公平的方式对于我们思考基本结构本身的正义时需要进行切换的观点没有多大意义"。同时，社会正义原则比其他的规则和标准更具智力优势，是关于其他主题的合乎情理的正义观点的基础。正如罗尔斯在《正义论》

中所述，一旦我们有坚实的社会正义理论，"剩下的正义问题，包括涉及交易、犯罪行为和惩罚以及补偿性正义等问题，在这个理论的指导下会更加容易处理"。

罗尔斯总结的适用于基本结构的正义原则和适用于其他主题的正义规则和标准之间的差异是他整体正义理论重要的本质目的。回忆一下，罗尔斯反对功利主义主要是因为功利主义的基础是好的一元论概念，换句话说，功利主义没有意识到人类合理地拥有多元化的好的概念这个事实。在他看来，古典功利主义是一个"综合性"的理论，是为设计人类机制和决定个人应该采取的行为提供准则的道德理论，实际上是为所有道德理论能够适用的主题提供准则的道德理论。罗尔斯总结的适用于基本结构的正义原则，实际上是适用于社会世界领域本身的正义原则，和适用于其他主题的正义标准之间的强烈差别使得罗尔斯能够为那些他认为应该包含在社会正义理论内的其他主题的多元化道德观点创造条件。

罗尔斯的正义理论具有"理想"理论的特征。他意思中的社会正义的理想理论是对正义社会进行完美描述的理论。另一个他用在理想理论身上的短语是"严格遵从理论"，他将这个理论和"部分遵从理论"做对比。罗尔斯并不意图取消部分遵从理论，遵从顺从理论处理的主题包括惩罚；战争开端、过程和结束涉及的正义；对不合作主义、军事抵抗和革命的解释以及对犯罪者的惩罚等等。他发现这些事态都是紧急迫切的。罗尔斯的观点是只有理解完美的正义社会的特征后，我们才能系统地掌握现实世界中理解正义问题需要的基础。（他用"井然有序的社会"表达完美的正义社会，尽管对他而言"井然有序的社会"的含义更加广阔，还包含并非完全正义的社会。）他认为理想理论比非理想理论更加基础，因为他认为如果我们首先发展一个适用于理想情况的正义原则概念，那么我们能够从中得出如何最优地解决非理想世界中出现的正义问题。

❦ 第 三 节 ❦

以下文字展开了罗尔斯理论中最基础的理念：

设想一下……社会是或多或少能够自给自足的联合体，这个联合体内的人们……意识到某些行为规则具有约束力……进一步设想，这些规则明确规定一种旨在提升参与合作的人的利益的合作制度。那么……这个社会……通常的标志就是利益冲突和共同利益。由于社会合作可能使所有人比任何孤军奋战的人过上更好的生活，这就有了共同利益。会存在利益冲突是因为……他们每个人都倾向于较大份额而不是较小份额的利益。这就需要有一系列的原则来选择决定这种优势划分的各种社会安排……这些原则就是社会正义原则。

把这个选段作为检验标准，现在让我们简单来看一下这个理论的核心理念。

罗尔斯理论中所有基础理念中最基本的理念是作为自由平等的人一代一代形成的公平的社会合作体系的社会理念。有时候罗尔斯称这个理念是他理论"最基本的直观理念"。罗尔斯并没有维护这个理念。相反，他认为他的读者会接受这个有理有据的出发点，所以他把创造力集中在以这个理念本身为基础，而非以维护这个理念为基础的论点的建设上。

那么这个理念在他的作为公平的正义理论中起到的作用和几何学的基础主观理念在几何推理中起到的作用类似。尽管罗尔斯不认为可能通过纯粹的推理得到稳健的令人信服的正义理论，但是他渴望让他的理论观点看起来尽可能地像道德几何学。这种类型理论的基础理念并无对错之说，进行证明或者反驳都没有意义。这些理念最终能否成立就在于它们是否有用。如果建立在这些理念上的假说或者理论对于这些理念涉及的主题有令人信服的合理解释，那么这些理念的有用性就得以体现。如果没有，那么提到的这些理念可能被丢弃，被其他理念取而代之。

罗尔斯认为作为公平的社会合作体系的社会理念对他的读者而言是引人入胜的。在他职业生涯的大部分时间里（直至20世纪80年代早期），他似乎认为这种吸引普遍存在，至少对于能在充分明白他理论观点的基础上正确理解这个理论要点的读者而言是这样。在他的晚年，他似乎想通过表示他的理论特别意在吸引那些民主和自由理念塑造的文化的传承者来重新看待他这个想当然的认为。

值得注意的是，与社会应是自由平等的人之间社会合作的公平体系这个观点有关的任何事情在任何情况下都不可能平淡温和。不论是从历史角度还是从社会地理角度来说，罗尔斯的理论建立在一个实际上极具争议的观点之上。亚里士多德会对这个断言感到惊讶。在亚里士多德的设想里，人们是价值的载体，他认为因为人们的能力完全不平等，所以人们基本上拥有不平等的价值，所以在他看来，社会是平等的人之间的合作体系这样的观点没有意义。对于这个观点强调的自由，亚里士多德也没有太多的同感或者欣赏。对他而言，人类被赋予自然指定的功能。出色地执行这些指定功能表现出的优秀和表演中出色地演绎剧本角色体现出的优秀是一样的。很多前现代思想家发现难以理解基本直观的作为自由平等的人之间社会合作的公平体系的社会理念，一些人会认为这应该受到谴责。对于今天很多逃避受欧洲思想影响或者反对欧洲思想的人而言也是如此（对于信奉现代反自由欧洲思想的人也是如此）。从历史性和世界性的角度看，罗尔斯理论的基础本身是激进的主张。

对罗尔斯而言，作为社会合作公平体系的社会理念是理解他跟随大卫·休谟的说法称为正义环境的社会的基础。正义环境是中度稀缺的环境，在这种环境下，自然没有大方到无须人们的努力或者社会合作就给予人们所有想要的东西，也没有严厉到阻止基本的社会合作，迫使人们挣扎求存。正义环境是指我们不能享受无限制的富饶也不会遭受极度严苛的剥削。

如果罗尔斯理论的基本理念是作为自由平等的人之间社会合作的公平体系的社会理念，那么该理论关键的问题在于：这种合作是在怎样的条件下进行的？就社会正义理论的目的而言，罗尔斯认为社会是类似于商业伙伴的合作企业，是"为了互相的利益而进行合作的企业"。（但是他不认为社会是自愿的联合体，因为社会的大部分成员只有少数机会或者没有机会表达自己的赞同或者不赞同。）这个社会概念在亚当·史密斯关于复杂的劳动分工是现代社会巨大财富的主要来源的论点中根深蒂固。对罗尔斯而言，广义的解释是劳动分工可能带来的生产力造成了社会正义问题。正如他所说："社会合作可能让所有人比孤军奋战的人过上更好的生活。"社会是一种为了即将参与合作或者在现在这种情况下通常已经参与合作的人们的相互利益而采取的合作关系形式。社会正义关键的问题是有关合作关系形成的条件的问题，特别是关于如何在参与者之间分配利益。

根据这个概念可以得出，对罗尔斯而言，社会正义理念指向的分配性问题尤其关注社会生产，广义来说就是合作者们通过共同努力聚集的"好处"。这些好处可能并不全是史密斯认为的"物质"或者"经济"类型的商品。举个例子，好处可能包括只有通过和他人合作才能获得的非经济类享受，比如我们参与一个需要一大群参与者的游戏获得的快乐或者从友谊中获得的快乐。但是，正是为这些利益——通过各方共同努力而创造的种种利益——而且单单为了这些利益，我们就需要一系列的原则来决定恰当的分配份额。

　　罗尔斯提出的关键问题是西奇威克在大约一个世纪以前提出的社会正义问题的一个变体，即能否找到明确的原则使我们能够对权利和特权、负担和痛苦进行理想化的正义分配。但是要注意西奇威克提出的问题是关于这些东西在"人类之间"的分配，而罗尔斯将这个问题缩小到作为因相互利益而形成的合作企业的特定社会中成员之间的利益分配问题。罗尔斯似乎相信只有将我们的问题范围限制在一个特殊的社会中，即使是一个假设的社会，而不是将问题范围扩展到全人类，我们才能找到一系列令人信服的社会正义原则。

　　还要注意的是西奇威克同等强调负担和痛苦的分配，以及权利和特权的分配，而罗尔斯完全只是强调优势的划分。这么强调的原因之一在于他的作为互利事业的社会概念。虽然有些成员远比其他成员受益更多，但是罗尔斯认为正常情况下所有人参与社会合作计划得到的生活比"他们自己孤军奋战获得的个人生活"要富裕很多。所以社会合作计划聚集的重要事物就是利益，而非负担；正是社会合作聚集的事物成就了社会正义原则。

　　然而，第二个也是更有趣的原因可能在于罗尔斯的假说，即这种企业的所有成员狭义来说是其行为规则的积极支持者，广义来说是普通合作成员身份的积极贡献者。在漫长的19世纪中得以发展的社会正义主要概念既指定社会成员应为社会作出的贡献和他们应接受的好处（从依据个人能力到依据个人需求），又将个人应接受的好处和他们作出的贡献（赏罚原则）相联系。相比之下，罗尔斯的理论关注和贡献问题相提并论的利益。罗尔斯似乎简单地假设正义社会的成员会根据他们不同的才能对该社会的社会产物作出贡献。这种假设似乎是他在表达自由平等的人一代代传承的公平的合作体系建立的特定社会的成员是"在其完整的生命中进行正常合作的社会成员"时意图说明的内容的一部分。

　　为了回答自己的关键问题，罗尔斯部分借鉴了康德的看法和一些早期现代政治思想领域的前辈们的看法，这些前辈包括托马斯·霍布斯、约翰·洛克[1]和卢梭。罗尔斯的方法是设想一个社会是建立在成员之间能决定他们合作条件的协议之上的。康德通过借助原始契约理念检验公共律法和政策的正义将这个方法运用于他的公共权利理论。如果原始契约中的社会全体成员一致同意相关的律法或者政策是合理的，那么根据康德

---

[1] 约翰·洛克（John Locke）：英国的哲学家。在知识论上，洛克与乔治·贝克莱、大卫·休谟三人被列为英国经验主义（British Empiricism）的代表人物，但他也在社会契约理论上做出重要贡献。

的说法，我们必须承认这些律法或者政策是正义的。如果认为不合理，那么我们可能得出的结论是这些律法或者政策是不正义的。

康德只将假设的原始契约理念限定于证明律法或者政策的正义。相比之下，罗尔斯利用这个理念确立了一系列社会正义原则。罗尔斯对这个理念的使用比康德更有野心更加详细。

罗尔斯要求他的读者想象一下，如果社会的每个成员都是他所谓的"原始定位"的代理人，这些代理人（罗尔斯通常使用法律语言称其为原始定位中的"团体"）在假设情况下共同达成的协议会塑造这个社会运行的条件。这些代理人协议的对象是一系列关注社会利益分配的社会正义原则。这些原则一旦被采用，可用于审议的第二阶段，即他所说的制宪会议阶段，也可用于选择社会现存的多种基本结构。反过来，这些原则选择的基本结构会提供一个框架，用于律法实施、政策发展和特殊决策。因为罗尔斯整个的社会正义理论是一个理想型的理论，所以这些正义原则必然是为完全正义社会所构建的。

因为罗尔斯想要他的读者设想一个假设的远比康德的原始契约理念还要宏大（从某个方面也涉及更多的知识）的协议，所以他比康德描述原始契约还要更加详细地描绘原始定位。他强调原始定位中的团体就他们倾向于代表社会合作中获得较大份额而非较小份额利益人的那些社会成员而言是理性的。团体是理性的这个事实并不是说他们或者他们所代表的那些社会成员是利己主义。比如，这些成员希望可以拿出一部分的利益份额用于提升有益于他人的事业。他也强调这些团体是公道的。他们明白必须自愿地在公平条件下和他们的同伴达成协议。为了保证他们的公道性，罗尔斯要求我们设想，原始定位中的团体蒙上了一层他所谓的"无知的面纱"，这层面纱防止他们认知他们所代表的人群的能力、社会地位或者实际身份。这类认知可能会使他们倾向于争取不公平的利益。比如，如果一个代表性的人物知道他所代表的成员有杰出的智力，他或者她可能会要求可以支持这个天赋智力的正义原则。最后，罗尔斯表明，原始定位中的团体在判断他们所代表的成员在和他人对比有多么富有时会采取与众不同的措施。最常见的判断方法就是收入和财富。古典功利主义用幸福进行判断（虽然他们通常也认为收入高或者财富多的人会比其他人更加幸福）。罗尔斯认为适合的方法由不同的元素组成，包括一定的权利和自由、收入和财富以及自我尊重的社会基础，他把这些元素称为"社会基本物品"。

然后罗尔斯提议，我们通过设想在他所谓的假设原始定位中，有一群想要彼此之间达成一种能最佳地为客户利益服务的协议的代表人物，来发现最佳的社会正义系列原则，这里的"客户"就是在这些原则基础上建立的完全正义社会的成员。如我们所见，罗尔斯理论的前提是这种社会中的一些成员会比其他人更加富裕，而这种社会不仅指任何现实社会，还指完全正义社会。不仅如此，有些人天生处于不同的位置，抱有不同的期望，在生活中被授予不同于他人的机会。正如他借用亚当·史密斯的观点，即劳动分工是迄今为止生产力最重要的来源，最终是财富最重要的来源，他也继承一些古典政治经济学家的观点，即同样的劳动分工无可避免地会造成社会不同成员可利用的机会的差异。罗尔斯假设人类之间的价值是平等的。这个假设是他着手基础直观地作为自由平等的人之间社会合作的公平体系的社会理念时要表达的其中一点。但是他也认为社会的所有成员只有通过复杂的劳动分工才能受益，而不平等作为这种劳动分工的副产品也是不可避免的。罗尔斯的假设是平等主义，但是他达成的社会正义原则旨在判别（他认为的）伴随着所有有利条件而出现的不平等。

❋ 第四节 ❋

作为公平的正义理论总结了组成完全正义社会中社会正义基础原则的社会合作条件，即原始定位中团体会认可的条件，主要结论如下：

1. 每个人都有平等的权利完全享受充分平等的和所有人的自由计划相互兼容的基本自由计划。

2. 社会和经济的不平等要满足两个条件。第一，他们所从属的各项职位及地位必须在公平平等的机会下对所有人开放；第二，他们必须有利于社会中处境最不利成员的最大化利益。

这些原则的第一点比第二点优先考虑，罗尔斯称之为词汇性的优先，而对于第二个原则的第二部分而言，第一部分也具有词汇性的优先。换句话说，必须在第一个原则完全满足后才会考虑第二个原则，就像在一本字典中，只有"a"字母开头的词汇全部列完以后才会开始"b"字母开头的词汇。只有当社会的全体成员享有完全充分的自由计划，这个社会的社会和经济不平等才会和分析这个社会基本结构的正义有关。我们可以称第一个要求为基础自由原则。因为第二个原则包含两部分，那第一部分我们称为平等机会原则，第二部分称为差异原则（沿用罗尔斯自己一贯的称谓）。

罗尔斯还得出第二个重要的结论，他认为原始定位中的团体是同意这个结论的。他认为除了上述能够用来选择基本结构的两大原则，这些团体也会同意正义社会的成员拥有一定的属性。首先，他们会想要该社会成员（公民）拥有实在的正义感。罗尔斯的意思就是他们会要求这些成员在理解、使用和贯彻一系列关于正义的公共原则（即作为公平的正义的两大原则）基础上拥有正义感。他坚定地认为对于真正的正义社会而言，它的成员必须理解并同意统治他们的社会合作条件，这是他的社会正义概念和井然有序的社会概念的一部分。上述第一点就是在强调这个看法。其次，团体想要社会成员有能力发展好的概念。换句话说，好的概念形成社会成员生活计划的基础，社会的每个成员想要其他所有人都有能力形成、完善和理性追求这个概念。罗尔斯把这些属性称作两大"高度有序"的道德能力，因为他认为原始定位中的团体最想要完全正义社会中的公民发展这些属性。他把描述这些能力的理论标记成"道德人格理论"。所以对罗尔斯而言，作为公平的正义理论详述了我们用来选择社会基本结构的一系列社会正义原则，即作为公平的正义的两大原则，又详述了正义社会想要它的成员培养的一系列属性，即道德人格属性。

这两大结论相互联系。举个例子，根据罗尔斯的观点，基础自由原则保护的自由正是发展和实践道德人格两大高度有序能力必要的自由。罗尔斯没有试图完整地列出这些自由，但是他提到了思想自由、意识自由和组织自由；个人自由例如免于肆意的抓捕、走正当律法程序和公平判决的权利；政治自由例如投票的权利和言论自由。他特别强调政治自由，坚持认为正义社会的成员必须享受这些自由的"公平价值"，他这么说意味着每个成员应和其他成员一样受到大众决策的影响。

平等机会原则说的是与不平等奖励从属的地位或者角色必须在平等机会的基础上公开公平竞争。全民教育等其他措施应保证这个原则。

差异原则说的是，社会和经济的不平等只有在致力于社会中处境最不利成员的利益时才是合理的。乍看起来，最不利社会成员享有最有限的机会和最少的资源，要说这种不平等可能会对这些成员有益似乎是矛盾的。但是要记住，罗尔斯继承了早期政治经济学家的观点，认为促成现代社会史无前例的生产力和财富的劳动分工同样也不可避免地造成了社会不同成员能够接触到的机会的差异。如果复杂的劳动分工可能造成足够大量的物质增加（包括社会首要物质指标下的财富增加和其他物质的增加），那么对比生活在不涉及劳动分工的基本结构中的最不利社会成员，生活在复杂的劳动分工盛行的基本结构中的这类人会过得好得多。差异原则考虑到了这种可能性。

差异原则是作为公平的正义理论所有结论中最鲜明的一点。同样，罗尔斯在此主要的目标就是古典功利主义理论，他认为功利主义理论是作为公平的正义理论最强劲的对手。再看一个例子就知道原因。假设你是一个百人社会中的一员。假如每个成员的康乐根据社会基本物品指标可以基本按1到10划分，10根据个人的基本物品份额代表最高的可能的康乐标准份额，1表示最低的可能的份额。（在这个基本范围内，4的价值是2的两倍，8的价值是4的两倍，8比7更有价值，同样5也比4更有价值。单独一份如同一个单独的橘子，或者一份其他单位的物品，三份就如同三个橘子。）现在设想一下，你的社会面临两种基本结构的选择，它们的分配结果如下：

基本物品份额	基本结构A	基本结构B
10		
9		
8	25人	
7		25人
6		
5	50人	50人
4		25人
3		
2	25人	
1		

　　在基本结构A中，100个社会成员里有25人每人享有9份基本物品，同时50人每人享有6份，25人每人享有3份。

　　如果我们把基本物品的份额当作康乐的单位，那么很容易发现如果采用基本结构A，成员享有的集体福利应该是600〔（25×9）+（50×6）+25×3〕，同时通过类似计算得出基本结构B下的集体康乐是525。为便于讨论，如果我们假设以基本物品份额衡量的康乐和以功利性衡量的康乐同等，那么很明显最大化幸福原则会引导我们采取基本结构A。但是差异原则则会指示采取基本结构B，因为结构B中最不利社会成员享有4份基本物品，结构A中这些成员只有3份，这些成员在结构B中比在结构A中生活得更好。基本结构B引向不平等的结果，但是对于最不利社会成员来说，这些结果比结构A中的结果更加有利。

这个例子的前提是只有基本结构A和B两种选择。如果有其他选择使最不利的社会成员更加富裕，甚至比他们采取基本结构B时还要富裕，那么从社会正义来看，差异原则会指示我们采取第三种基本结构。比如，可供选择的基本结构还包含基本结构C，基本结构C下的全体社会成员会要求相同的基本物品份额，也就是1到10范围内的5，那么差异原则会指导我们采取这种结构，因为即使这种结构下的集体福利只有〔100×5=500〕，比其他两种选择都要低，但是最不利的社会成员过得比基本结构A或B的这些人都要滋润。因为罗尔斯关于生产力和劳动分工的观点，他似乎并不相信会存在这种可能，但是作为公平的正义原则并未将这种可能性排除在外。

罗尔斯关于差异原则的标准阐述似乎和他对于基本结构是社会正义理论恰当主题的维护稍微有点不一致。差异原则表示"社会和经济不平等的出现……必须为了最不利的社会成员最大化利益"，关注的是最终的结果，也就是基本物品份额衡量下的社会成员会过上多么富裕的生活。但是罗尔斯对于作为他正义理论的主要主题的基本结构的维护却关注的是机会（"原始起点"），而非最终的结果。在更充分的差异原则中，他有时会提到"最大期望的利益"；从罗尔斯作品中的很多不同地方都能明显看出，他明白最初机会和最终结果之间的重要差异。但是罗尔斯在作为公平的正义原则的讨论中往往会省略这个差异。

第 五 节

　　作为公平的正义理论取得了非凡的成就。它设想的社会正义针对一个被认为拥有自由且平等的公民的社会，这是独一无二的。尽管如此，这个理论并非毫无缺陷。我应该就罗尔斯构建理论主题的方式发表一些看法。

　　罗尔斯宣称社会的基本结构是社会正义理论恰当的主题，这被广泛理解成是他理论最鲜明的论点之一。如我们所见，这个论点不仅仅是说基本结构刚好是社会正义理论合适的主题，就如同违法是刑罚正义理论合适的主题一样。而应该说基本结构比其他所有与正义相关的主题类型更有优越性，所以社会正义是最全面最基础的正义。对罗尔斯而言，一个完善的社会正义理论提供给我们构思其他不太全面的正义问题的必要基础。（在罗尔斯事业后期那几年，他开始研究一系列超出国家范围的正义问题，这些问题可以说和国家范围内的社会正义问题一样广泛，也许更加广泛。）

　　如果我们进一步检测罗尔斯的论点，我们会发现他的观点包括三大不同的部分。第一是一个因果关系的观点，即组成社会基本结构的机制和常规决定社会所有成员能够过上的生活质量。第二是概念性的观点，即适用于基本结构的正义原则可能和适用于其他正义问题的规则和标准有相当不同的特性。第三点是关于知识优先的观点，即我们首先要发展一个完善的社会正义理论，才能够最佳地解决关于正义的大量问题。那么这个理论会构建辩护其他主题范围内的正义理念的基础。

一般来说，这些观点中的第一点是毫无争议的。社会基本结构的完整程度决定社会成员能够过上多好的生活这点可能会存在争议，但是社会的主要机制对社会成员和社会成员之间的利益分配有决定性影响，这是毋庸置疑的。

同样也不难发现罗尔斯第二个观点的影响力。举个例子，比如说劳工合同。如果社会的成员组成是一些拥有有限资源的小型商户和一些拥有大量就业选择机会的独立业主，那么我们能预料到的是如果所有团体都能自由地达成双方都同意的劳工合同，不管条件是什么，这就是正义的。因为所有团体的交易能力大致平等，所以他们达成的交易基本上可以认为是公平的。如果这个社会的组成是拥有大量资源并且有决定权的大型企业雇主和只有少数选择的雇工（或者在有限的一些企业城镇的情况下，只有一种重要的就业机会），情况又是完全不同。在后面的例子中，因为交易能力的巨大差异，自由订约可能会导致对雇工不公平的劳工协议。那种情况下，集体交易协议可以减少雇主和雇工之间交易能力的差异，可能会重置这些团体一致通过的劳工合同的平衡和正义。（当然在有些情况下，集体交易合同可能会赋予代表雇工的那方过多的权利。）观点的巨大转变需要认识到交易能力差别巨大的情况下，确保公平的方式是达成明显不同于相对平等交易能力前提下公平交易需要的协议这个事实。那么不意外的是类似或者更宽泛的观点转变可能需要理解对社会基本结构正义而言的公平正义原则可能和适用于个人之间普通互动的正义规则或者标准有巨大的不同这个事实。

认为社会正义原则在知识上优先并且是辩护其他主题的正义理念的基础的这个观点更加有问题。可以参考劳工合同中另一个简单的例子。如果说拥有大致平等交易能力的雇主和雇工在订约自由的条件下达成的协议可能是公平的，那是因为这些协议通常都包含平衡互惠准则。如果说集体的交易安排帮助重置高度不对等的交易能力条件下的公平，那是因为这些安排使劳工协议更接近平衡互惠准则。

当人们思考相对对等的人之间的公平时，没有什么比平衡互惠准则还要关键。罗尔斯在《正义论》的"正义感"一章中写道：

> 互惠互利，一种以其人之道还治其人之身的倾向……是一个深度的心理学事实……建立在同等回报基础上的正义感能力似乎是人类交际的条件。

罗尔斯在此认为的互惠互利是平衡互惠，是"一种以其人之道还治其人之身的倾向"。尽管集体交易安排的正义对大多数人而言直观上并不明显，但是这种正义的论点在于非常容易获得的且广泛存在甚至可能是普遍共享的直观感受。同样也可以这么理解社会正义原则，因为罗尔斯似乎意识到"最稳定的正义概念大概就是应这些倾向而生的最坚固的正义感"。

总之，尽管说有两点听起来合乎情理，一是社会基本结构在决定社会成员的生活有多好时起到关键的因果作用，二是社会正义原则可能和适用于其他主题的原则不同，但是并不能认为社会正义原则具有知识优先性，是其他主题的正义理念的基础构成。并不是社会正义原则宣扬这种直接适用于人们之间关系的正义。相反，社会正义原则的根源是适用于人与人直接关系的正义理念。相对平等的人之间的正义建立在平衡互惠准则基础上这个理念拥有自己的完整性，其完整性并未因完善的社会正义理念而黯然失色，事实上是为完善的社会正义理论提供知识基础。社会正义原则和适用于相对平等的人们之间直接关系的原则不同是因为社会机制和常规的复杂性要求对社会正义原则进行调整。但是最终完善的社会正义原则建立的基础是相对平等的人之间的平衡互惠准则。

如果完善的社会正义理念的根源是平衡互惠准则，那么罗尔斯漫不经心讨论的赏罚概念归根到底可能有助于我们如何思考正义，包括社会正义。如果A和B两个人相对平等，A授予B好处，那么在一定程度上，A的授予值得等价值的回报，对于B来说，为自己接受的好处回报A是一种正义的义务。同理，如果Q对R施加伤害，抛开任何特殊的社会正义概念不说，某种意义上来说Q应该遭受同样的伤害。

当然，适用于相对平等的人之间的双边关系的平衡互惠准则是最简单的平衡互惠准则形式，这种形式不足以指导复杂环境下人与人关系的正义。在多边关系或者人们地位不对等的情况下，能够促成人与人关系中的正义的社会安排可能和适用于平等的人之间简单的双边关系的那些安排完全不同。为了涵盖这些情况，需要进行主要的调整，其方式基本上与雇主和雇工之间交易能力差异变大时需要进行的交易调整一致。

因此，我们可以弄清楚赏罚概念如何在我们思考正义的方式上发挥重要作用，又不会引导我们支持赏罚原则，也可以说贡献原则，或者经典的惩罚主义理论形式（建立在公认的平等的人之间严格的平衡互惠之上的形式）。罗尔斯发现适用于社会基本结构的正义原则和适用于人们之间简单双边关系的正义规则在概念上并不一样，这是没错的。实际上，除了社会基本结构主题，罗尔斯的观察结果普遍适用于很多其他主题。但是不管正义原则设计的特定主题是什么，如果要人类认可并接受这些原则，这些原则必须扎根于正义感，而正义感最好的表现形式就是互惠互利和赏罚概念。

后记
从社会正义到全球正义

正义理念史上最重要的创新就是社会正义理念的发展，至少就现代社会角度来看是如此，可能对整个历史而言也是如此。社会正义理念是另一个首次出现在古雅典，却只在18世纪受到广泛认可，认为人类有能力重塑自己社会的领域，使其符合人为的设计的观点的延伸。植根于所有人价值平等这个假说，现代社会正义理念引发了一系列与现代机制和常规相互紧密纠缠的正义观点和理论。不管我们认为这些理论和观点是机制革新的原因还是结果，脱离了它们就不可能理解现代世界。

大多数社会正义理论都包含这样一个观点，即几乎所有现代社会中聚集的财富和人们用来创造财富的高度发展的技能，都是只有依靠复杂的劳动分工才能获得的社会产物，而非个人单独生产的产物的简单相加。主要的例外就是最早的特定形式下的社会正义概念，即包含在赏罚原则之内的概念。赏罚原则会失效就是因为没有理解这个观点及其含义。我们理解正义问题时可以求助的概念包括赏罚概念，而我们几乎所有的技能和财富是社会产物这个事实并未迫使我们放弃赏罚概念，但是确实提供给我们很好的理由拒绝认为赏罚原则就是社会正义的基本原则。

包含在需求原则内的在19世纪出现的另一个主要的社会正义概念并没有上述不足。需求原则表达了人类从未构想过的一些最宽宏的高尚愿望。但是需求原则也有缺陷，因为它切断了个人作出的贡献和他们理应接受的奖励之间的所有联系。需求原则并没有考虑到包含人类之间的互惠互利的正义感。

作为公平的正义理论是第三个主要的社会正义概念，40年来一直支配着社会正义的讨论，特别是英语国家的社会正义，它的发展伴随着对我们在高度发达的社会中发现的财富和最有价值的技能都是社会产物这个事实的高度评价。作为公平的正义理论和需求原则一样，为我们展现一种对人类社会高贵慷慨的想象。然而，尽管这种社会有诸多修饰，尽管这种社会的创造者的意图美好，但是作为公平的正义理论还是忽视了正义感，也没有理解正义无法脱离人类之间的一些互惠互利类型，这种互惠互利就是正义感的关键。近期的社会正义理论，无论多么高尚，都没有接触到正义理念的根源，这个根源和互惠互利概念相互交织。

如果正义是完全独立于人类思想的存在，就像星星和树木，那么至少可以论证的是维持与构成正义感的直觉和情感之间的明显关系对正义理论来说也就不重要。因为这种情况下，这种理论会考虑世界上一系列可能被人类认知的事物，但是却都不是人类活动的产物。尽管人类的利益可能决定这些事物是否整体认知的目标，但是人类的直觉和情感在这种理论内容中并没有合适的载体。这种情况下的正义理论和量子力学理论、天体物理学理论、生物学或者很多其他认为知识对象独立于人类而存在的理论一样，我们希望发现这个理论的属性和特征。尽管很多人，至少从柏拉图开始的很多人，都以近似的方式思考正义和很多其他的抽象理念，但是说这个意义上的正义就是世界的客观特征并不可靠。

从另一方面讲，如果正义是可以按照任何人们高兴的方式进行构建的完全主观的构想，那么明显的是显然和正义感有关的正义理论的失败并不意味着对该理论的反对。很多怀疑论思想家，如色拉叙马库斯，至少是柏拉图代表的色拉叙马库斯，和尼采等都支持这个观点或者类似的观点。这个观点在20世纪很流行，当时客观的价值理论面对的困难驱使很多智者和其他人都支持这样一个说法，即所有价值都是完全主观，就像我们通常认为味觉是主观的一样。但是这个观点导致没有任何正义理论可以进行逻辑推理，因为很多相互矛盾的不同正义理论可能是同等完善的，也可能同等空洞的。

实际上，没有一种观点是正确的。正义是一个概念。和所有概念一样，正义是人类、是很多人为发明改善的工具，对大多数人而言，对于塑造或者传递正义概念作出的任何贡献都是他们追求其他目标时采取的思想和行为无意中产生的副产品。尽管正义概念可以被改进、修正甚至是（潜在地）重写，但是这些塑造并不是不受限制的，我们不能按照任何我们喜欢的形式自由地改造它，至少我们不能让它像一般工具那样为我们服务。如果我们希望正义理念作为关于正义的理念而非任意编造出来的虚构物被认可和接受，那么我们必须尊重正义感基本的直觉。

对人们之间关系的互惠互利的敏感是正义感的一部分。对于接受别人巨大好处的人而言，如果他们有这个能力，他们应该以同样的方式回报给他们带来好处的人是很正常的。甚至更严格来说，也许人们不遗余力地去报复那些伤害过他们的人，如果他们有能力这么做。即使人们不是受害者，即使报复要付出昂贵的代价，人们还是会报复施害者，这也很正常。确实，人们为公平地行事或者为惩罚不公平行事的他人付出代价的意愿相当地因人而异。关于公平的互惠互利的组成部分的观点在不同文件之间差异巨大这点也没错。尽管如此，就公平行为进行的单一文化研究和跨文化研究都发现，人们通常被出自互惠互利的考虑驱动，愿意为了满足对互惠互利的需求作出个人牺牲。针对这种行为开展的最令人印象深刻的跨文化研究之一的作者们表明，长期的进化过程可能使人们倾向于放弃自己的利益以补偿已获得的利益或受到的伤害。

任何预测正义理念未来的尝试甚至比重建这个理念初期的尝试还要投机。但是我们可以自信地说，对人们之间关系的互惠互利的敏感是任何有说服力的未来正义理论的关键特征。

互惠互利概念是古代前哲学正义理念的核心。在巴比伦人、古代以色列人和古代希腊诗人的作品中，我们可以发现正义与地位对等的人之间的平衡互惠和与地位不对等的人之间的不平衡互惠的关联方式。在这些不对等中，当地位低的人和地位高的人犯下相同罪行，前者会受到比后者更加严厉的惩罚，这被认为是正义的（根据我们能够接触到的纸质记录来看），而且一般来说，地位低的人比地位高的人收获更少，付出更多，这也被认为是正义的。在这些不对等中，互惠互利眷顾身份或者地位高的人，不眷顾地位低的人，这是不平衡的。

这种古代模式和人类价值平等这个假说互不兼容。基于这个假说，有人可能会总结道，正义，至少是个体之间交易的正义，最完美的构想就是完全平衡互惠。这和康德的结论大体一致。但是这个结论并没有发现被认为有平等价值的人类通常在能力上并不平等这个事实。

我们应该考虑修正作为互惠互利的正义观点，如此一来，这个观点才能改变古代正义理念中的明显优势，将人类能力的不平等囊括进去。在相对对等的个人之间，我们可能认为交易中的正义关乎交换的平等性，或者是基本平衡互惠。在能力不平等的人们之间，不管这种不平等来自天赋的差异还是其他资源的差异，正义就是能力差的人收获或者期盼更少，能力强的人期望更多，这似乎是合理的。假设我认识一个被限制在私立养老院并需要大量个人看护的人，他能为别人做的很少，或者根本没有能力帮助别人。再想象一下，我给这个我认识的人提供了不少帮助。可能是经常去看他，可能是带给他新鲜美味的食物以充实单调的养老院饮食，也可能是给他提供大量优质的阅读材料和音乐唱片。要是因为我认识的这个人以等价值的物质或者帮助回报，我就觉得他对我不正义，这似乎不合理。相反，因为他经常感谢我而说他是正义的似乎才合理。就他那种情况而言，感谢是和他的能力对等的回报。

任何有说服力的正义理论的关键都是对人们之间的互惠互利的极度敏感，我保留这样的观点并不意味着我认为我们应该抛弃社会正义理念或者以正义的方式分配社会产物的问题。相反，社会机制和常规引导下的分配对于社会成员关系的特点和质量影响巨大。我的观点是，罗尔斯和很多其他社会正义理论家考虑的这个话题的优先性，特别是知识的优先性是不正确的。我所建议对该思想类型的修正可以使社会正义理念从它通常被构想为所有其他正义主题或者理念都应服从的主导概念的这个角色中脱离出来。社会正义理念应该被重新定义为更广泛的正义概念的一部分，这个概念的核心是公民之间相互尊重和互惠互利的社会关系概念。

这种改造可能看起来会不可避免地脱离大范围的正义问题，

转向小范围的问题。实际上，这种修正虽然移除了社会正义理念多年来占据的基础地位，但是这种移除也使我们能以新的活跃方式思考最急切的正义问题，即全球正义与不正义的问题。

社会正义理念，至少是过去大约两个世纪内的社会正义理念形式，不断试图加强一个自古以来就和正义观念纠缠不清的狭隘观念。有史以来大多数创作关于正义的作品的思想家仅仅将这一概念应用于享有共同政治或者文化认可的人们之间的关系。一些古代斯多葛派主义思想家（包括"严格来说"是柏拉图主义者而非斯多葛派主义者的西塞罗），都不认可这个大众化的真理，这些思想家的普遍观点由罗马律法的汇编者和评论者以及基督教运动的倡导者和组织者进行传递。但是这种突如其来的普遍主义念头不断遭受强大的阻力，特别是在民族国家的现代时期中。

托马斯·霍布斯对这个主题的思考是个典型。跟随格劳秀斯[1]和其他自然权利理论学派的作家，霍布斯对原则上可以作为所有人类和平和合作关系基础的自然法则进行了解释。但是霍布斯认为大多数的自然法则只适用于专制权力下政治关系中的人类行为。自然法则在缺少能够实施这些以及其他法则的专制权的情况下只适用于道德的内部讨论。霍布斯推论，只有在有

[1] 格劳秀斯：世界近代国际法学的奠基人。同时也是近代折中法学派的创始人之一。

权实施法规的政治联系中，人们才能保证其他人和他们之间是公平的互惠互利的关系。在他们与所有不受他们强权限制的人们的关系中，人们有自由不考虑正义，以自己认为合适的方式寻求自己独特的安全感和优势。在霍布斯看来，自然法规是自然正义的法规，并没有实在地限制人们的外在行为。

尽管普遍主义理想有大量的口头之惠，但是在过去两个世纪中大多数支持社会正义的人要么是明确支持要么是默许霍布斯论点所导向的狭隘的观点结论。这种认可主要就是因为这些拥护者认为社会产物是社会正义主要的关注点。如果社会产物是复杂的劳动分工的结果，生产者通过专业技能和高效率在劳动分工环境下获取高水平的生产力，又如果社会正义最重要的问题是如何在社会成员之间分配他们生产的社会产物，那么结论似乎是对这些产物有贡献的人，至少是生产这些产物的社会成员应该被当作是社会正义计划潜在的受益者。本质上是局外人或者并未参与劳动分工的这些人无权得到这类产品。社会正义概念关注社会产物的分配，或者更通俗来说，关注复杂的劳动分工环境下优势和劣势的分配，这直接导致作为社会正义计划的合适人类对象的局内人和并非这类对象的局外人之间的巨大差异。

类似的推理方法因出现在早期和一些更近期的社会正义支持者的作品中而可能被找到。约翰·戈特利布·费希特是现代社会正义理念的早期支持者之一。他的作品《封闭的商业国》

的中心思想就是，一个国家只有在内保证强劲的商业社会，同时在和其他国家的对外关系上维持自给自足，才能按照正义要求的方式为社会成员提供福利。后来的社会正义的不同支持者，比如约翰·梅纳德·凯恩斯[1]、贡纳尔·米达尔[2]以及被认为是现代英国福利国家的智慧创建者的威廉·贝弗里奇[3]，都冒险用过类似的推理方法。更近期一点来说，约翰·罗尔斯在他最近的作品之一《万民法》中清楚表明，在他看来，他理论中设想的那种类型的社会正义原则只适用于成为"人民"的人们之间的关系，这里的人民指基于文化或者历史原因形成的集体性身份。根据罗尔斯的观点，这些原则并不是普遍适用的，或者并不适用于所有民族。

费希特、罗尔斯和很多其他人关注的那种类型的集体对正义有重要的影响。组成那些集体的个人通过特殊的义务和信任纽带团结在一起。所以这些个人可能彼此之间拥有不同于他们对于局外人的正义义务。就如同一个人对特定的他人有特殊的义务，比如对配偶或者孩子的义务，团结民族或者政治联合体成员的纽带也部分决定了他们之间的正义关系。但是特殊纽带

---

[1] 约翰·梅纳德·凯恩斯（John Maynard Keynes）：英国经济学家，现代经济学最有影响的经济学家之一。他创立的宏观经济学与弗洛伊德所创的精神分析法和爱因斯坦发现的相对论一起并称为 20 世纪人类知识界的三大革命。

[2] 贡纳尔·米达尔（Gunnar Myrdal）：瑞典经济学家，社会学家和政治家。

[3] 威廉·贝弗里奇（William Beveridge）：英国经济学家。社会问题和失业问题专家。

和关系并非不适用于这类人彼此之间的正义义务。这些义务根植于相互尊重和互惠互利观点。

跨民族关系中主要的行为者，无论是"公开的"还是"私人的"，现在一如既往地无可抵抗地受个人利益追求驱使，很少考虑到正义，只考虑到慎重思考后决定的互惠互利。这种相当大程度上不受控制的利益追求导致了，也将继续导致全球大量的不正义。很多跨国"交易"都是强权强迫弱权进行的。即使在跨国交易看上去是自愿时，这些交易也是拥有高度不平等的交易能力的国家讨价还价的结果，这是很正常的。在国家范围内，交易能力的不平等有时受限于规则或者机制安排（包括我们上面提到的集体交易安排），目的是减少它们造成的不正义。但是一旦超出国家界限，规则就几乎无法为弱者的利益服务。

全球关系中的这种系统化的长期不正义对大部分的世界人口的贫困化要负很大的责任。全球不正义最核心的问题，现今世界最紧迫的不正义问题，形成的主要原因是最强大的一方不愿在相互尊重和互惠互利的条件下与弱的一方进行合作，也因为没有系统的方法修正很多不公平的跨国交易聚集起来的不正义，而不是因为比较富裕的国家拒绝和比较贫困的国家分享它们的社会产物。广泛认为全球不正义问题和较富裕的社会里不公平的社会产物分配关系很大，但实际上并非如此；广泛认为全球不正义问题和国家之间缺失相互尊重和互惠互利关系不大，但实际上关系很大。

回忆一下，在公元前4世纪，亚里士多德发现：

但是看上去却并不陌生的是政治家应能够不顾边界国家的感受实行自己统治和支配周边国家的统治计划……当人们所做之事对别人而言是不正义或者是不适宜之事时，人们并不感到羞耻。对于自己和与自己相关的事情，人们想要基于正义的权威，但是一旦涉及他人，他们却不再对正义感兴趣。

亚里士多德很有可能意图只将自己的发现用于希腊人之间的关系。但是2300多年之后，在一个人口按数量级增长的世界中，国家和帝国崛起又崩塌，人类对世界的知识和理解极大程度地扩展，亚里士多德的话在这样的世界中似乎具有诡异的预知性。